Du même auteur

Comment guérir du mal d'amour, Leduc.s Éditions, 2010.
Comment s'aimer toujours, Leduc.s Éditions, 2006.
Fidèle, pas fidèle ?, Leduc.s Éditions, 2004.
Être la fille de sa mère et ne plus en souffrir, Marabout, 2002.
Ces amours qui nous font mal, Marabout, 2001.

Mise en page : Facompo

Pour joindre l'auteur :
patriciadelahaie@laposte.net

17, rue du Regard
75006 Paris – France
E-mail : info@editionsleduc.com
Web : www.leduc-s.com
ISBN : 978-2-84899-417-8

PATRICIA DELAHAIE

COMMENT PLAIRE EN 3 MINUTES

LEDUC.S
EDITIONS

À Hubert,
Vincent et Sébastien.

Sommaire

Introduction 9

Chapitre 1 À savoir avant de commencer 11
Chapitre 2 Préparer la rencontre 29
Chapitre 3 Les premières secondes 57
Chapitre 4 Engager la conversation 85
Chapitre 5 Réguler l'échange 117
Chapitre 6 Mieux cerner son interlocuteur 143
Chapitre 7 Gérer les situations difficiles 169

Conclusion : Pour bien terminer 183

Table des matières 189

Introduction

CERTAINES PERSONNES sont agréables, attentives, intelligentes, compétentes. Le problème est que ça ne se voit pas au premier contact. Un je-ne-sais-quoi chez elles met mal à l'aise, si bien qu'en les voyant pour la première fois, on a plutôt envie de fuir que de poursuivre.

Ce ne serait pas grave si nous ne vivions dans un monde pressé, transformant la première impression en opinion définitive. En effet, des études américaines ont montré que la qualité du premier contact détermine la suite des relations. Comme si nous fabriquions l'échange pour confirmer ce que nous avons pensé de prime abord. Autrement dit, si quelqu'un nous est d'emblée sympathique, nous ferons tout par la suite pour continuer de trouver cette personne agréable, et inversement si elle nous est antipathique.

Voilà qui ne va pas rassurer ceux qui détestent faire connaissance. L'idée que « ça passe ou ça casse » entre soi et les autres, dès les premières minutes, est assez inquiétante si on ignore les techniques du premier contact. Elle devient presque amusante si on sait comment s'y prendre pour passer la rampe, au cours de ces prémices où tout se joue.

Vous découvrirez dans ce livre qu'il existe des trucs pour plaire à tous les coups ou presque. Non seulement ils sont assez simples à mettre en œuvre, mais ils sont applicables par tous et dans toutes les situations, qu'elles soient professionnelles, amicales ou destinées à devenir amoureuses peut-être.

Par extension, ces techniques valent pour toutes les sortes de retrouvailles : le bonjour du matin à sa femme, à ses collègues, à ses copains, l'achat d'un steak chez le boucher, demander un service au gardien, etc. Oui, si vous appliquez les méthodes décrites ici, vous améliorerez vos prises de contact et toutes vos relations avec les autres en général.

On ne vous demande pas l'impossible !

Nous avons tous envie de rencontrer des gens positifs, de bonne humeur, attentifs et valorisants. S'il fallait vous révéler tout de suite l'idée générale de ce livre, j'écrirais que le secret consiste à devenir l'une de ces personnes hautement fréquentables. Est-il si difficile de paraître de bonne humeur ? Non, il suffit de sourire (mais pas n'importe comment) et de s'ouvrir, physiquement parlant. Pour paraître positif ? Eh bien, remballez vos pensées chagrines et faites passer vos idées confiantes, optimistes, celles qui donnent la pêche : vous en avez aussi.

Avoir un bon relationnel est à la portée de tous. Chacun de nous est un être multitendance. Voyez un couple en pleine scène de ménage. Le téléphone sonne. On décroche : c'est le patron. La colère tombe aussitôt et tout sourire, on répond : *« Oui, Monsieur ! Demain, oui, c'est d'accord… »* En nous, au même moment, coexistent des pensées, des humeurs, des idées roses et d'autres noires. Pour bien communiquer, faisons le tri pour n'offrir à la relation que celles qui lui sont utiles et nourrissantes. Il ne s'agit pas de tricher mais de tamiser nos attitudes et nos propos pour ne servir que les plus efficaces, les plus agréables.

Ainsi, il n'est pas nécessaire d'avoir de l'esprit, d'être intelligent, cultivé, beau… encore moins trop poli, mais seulement d'être avenant, détendu, et ça se travaille (nous verrons comment). Inutile de forcer sa nature. Tout le monde peut communiquer facilement avec une bonne technique (que nous détaillerons), une connaissance précise des enjeux (nous les examinerons) et un peu d'expérience (vous en avez déjà…).

1

À savoir avant de commencer

QUE NOUS LE VOULIONS ou pas, nous sommes des êtres de relations. Nous avons sans cesse besoin d'aborder les autres pour travailler, aimer, vivre tout simplement. En effet, il faut bien faire nos courses, aller chez le médecin, le dentiste, affronter la contractuelle qui nous verbalise, l'homme qui drague, la vieille dame qui demande son chemin… Et aussi faire la connaissance d'un collègue, rencontrer la copine de la copine, dire bonjour à sa nouvelle voisine, oser aborder cette fille géniale (sinon on le regrettera toute sa vie), sans compter les entretiens d'embauche, incontournables. Nos capacités relationnelles sont sans cesse sollicitées. Pour certains c'est presque une souffrance, qui peut devenir un plaisir à condition de s'y connaître un peu.

Essayons d'abord de nous convaincre que tout le monde aime communiquer. Les bébés sont avides de contacts. Le visage humain est la première forme que leurs yeux distinguent. Ensuite, si on les prive de relations et d'amour, ils dépérissent et peuvent même en mourir… de tristesse. Les personnes timides ont désappris à communiquer mais le désir d'y arriver, d'être appréciées, est toujours puissant et présent.

Elles ont désappris à communiquer par capillarité, en vivant dans une famille craintive leur enseignant à « se méfier des gens ». À moins qu'elles n'aient commencé à se sentir mal à l'aise à l'adolescence, quand le corps, le visage déçoivent parfois. Mal dans leur peau, elles se sont coupées des autres et en sont restées là. Ou alors, ce sont de mauvaises expériences relationnelles qui ont gâché le plaisir. Du coup, elles craignent de s'exposer. N'ayant plus confiance, en elles surtout, elles évitent les contacts. Elles croient ainsi ne pas communiquer. C'est faux ! Elles transmettent quelque chose d'elles-mêmes – comme tout le monde – mais un message fuyant, inquiet, dérangeant.

Un rien suffirait pour que tout change : se persuader d'abord qu'elles ont besoin d'être aimées et acceptées. Décider ensuite de sortir de leurs retranchements. Je connais une femme médecin, d'une timidité tellement maladive qu'elle ne savait pas si elle pourrait un jour recevoir des malades, leur parler, les examiner, etc. Elle s'est forcée, obligée, stimulée. Aujourd'hui, elle fait des conférences, répond à des interviews. Elle donne des cours. Elle est même sexologue, c'est dire que poser des questions délicates ne la dérange plus.

Pour sortir de ses angoisses relationnelles, il faut se bousculer un peu mais pas n'importe comment. Il y a un mode d'emploi de la communication, un mode d'emploi du changement. En voici les premiers jalons…

La clef : le goût des autres

Pourquoi certaines personnes sont-elles si douées pour aborder les autres ? La pratique rien que la pratique et… l'ouverture. Les gens qui ont un bon contact s'y exercent en général depuis des années. Certains ont eu la chance d'avoir des parents très sociables. Tout ce monde à la maison leur a donné l'habitude d'ouvrir la porte, de dire bonjour, d'accueillir, d'offrir quelque chose à boire, de demander des nouvelles de la famille, etc.

D'autres ont développé des réflexes relationnels nécessaires à leur métier : commerçants, commerciaux, journalistes… Ils ont appris des techniques pour approcher les autres, les écouter, les séduire, les convaincre. Cette expérience leur sert dans leur métier et dans la vie. Néanmoins, leur caractéristique principale est le goût des autres, qu'ils ont envie de rencontrer, de découvrir et de connaître.

Le bon état d'esprit

Delphine, 32 ans, entrant dans un café, est capable de parler à tout le monde. Dans la rue ou le métro, elle est souriante et ouverte. Elle croise une star qu'elle admire ? Elle lui adresse la parole sans méfiance et tout à l'avenant. Pourquoi ? La nouvelle rencontre est chez elle, une sorte de passion, presque de vocation.

Lorsqu'elle était petite, elle n'aimait pas l'école. Pourtant, elle attendait la rentrée scolaire avec impatience : « Chouette, j'allais avoir un nouveau cartable, de nouveaux habits, mais surtout il y aurait des tas de nouveaux à connaître. » Dans la même optique, elle voulait devenir présidente de la République : « En faisant ce métier, je pensais que je pourrais aller chez tout le monde. La facilité de contact, c'est un état d'esprit. Pour moi, toute femme est une copine potentielle et tout homme, un amoureux possible… » Évidemment quand ce goût des autres est favorisé dans l'enfance, c'est une chance, mais il peut naître toute la vie.

LANCEZ-VOUS

Comme la faim vient en mangeant, le plaisir d'échanger vient en communiquant. Allez vers les autres et vous découvrirez que les gens sont en général très heureux qu'on leur parle. Que chaque personne est un monde : chacune a une histoire, des occupations, une expérience, une manière de voir, de raconter, forcément originales. Et que plus on découvre la diversité des hommes, plus on s'y intéresse.

La communication est adaptation

Autre clef, la communication est une adaptation. Entrer en relation, c'est accepter de danser une valse d'un même pas. Au cours du premier contact, on cherche l'harmonie, les points communs, un terrain d'entente, car le proverbe a raison en affirmant : *« Qui se ressemble s'assemble. »* Coulons-nous dans le moule et les besoins de nos interlocuteurs, branchons-nous sur leur sphère. Pour cela, il faut évidemment les observer et les écouter. Dans les stages de vente, on conseille aux jeunes commerciaux : *« Écoutez les gens : ils vous trouveront très intéressants. »* Savoir s'adapter est une clé du succès.

S'adapter à qui ? à quoi ?

- **À la personne.** Aux caractères, aux statuts, aux circonstances. On ne peut aborder de la même manière le timide et le boute-en-train, un jeune de son âge et une personne âgée, un supérieur hiérarchique et un collègue de même rang.
- **À la situation.** On prend avec raison un air d'enterrement lors de funérailles, une mine réjouie pour une fête ou un mariage. Un air sérieux pour un entretien d'embauche. D'où la nécessité de bien connaître ce que l'on appelle « les conventions sociales ».
- **À l'intimité possible.** Les types de sujets de conversation varient selon que l'on se connaît bien ou pas encore : conversation très intime avec des amis, enjouée et légère avec des copains, technique avec l'employeur, banale avec un inconnu, etc.
- **À l'objectif.** Avec certaines personnes, dans certaines circonstances, on va droit au but sans écouter parce que ce n'est ni le lieu, ni le moment d'engager la conversation. D'autres fois, nous utilisons toutes sortes de circonlocutions pour savoir si cette fille n'aurait pas par hasard… enfin, en ce moment, quelqu'un dans sa vie ?

Le corps compte plus que les mots

Avant un entretien, une rencontre importante, nous préparons avec soin ce que nous allons dire… quand il faudrait surtout travailler notre expression corporelle, nos mimiques, nos intonations de voix. Car tout passe par là ou presque. Faire « bonne impression », le terme est bien choisi. En effet, lors des premières secondes du début de contact, c'est un flash qui nous parvient, une couleur, un style, une aura. Cette personne que nous découvrons, on ne la regarde pas encore vraiment. On la perçoit globalement d'une manière floue, indistincte. Plus que notre raison, ce sont nos sens qui alors se mobilisent pour l'évaluer. Voilà pourquoi les attitudes corporelles comptent bien plus que les mots.

La Droopy's Attitude

Voyez Droopy : mine triste, joues tombantes, corps figé. Il déclare « I'm happy » (« Je suis heureux »). On rit du décalage entre ce qu'il dit et ce qu'il montre de si visiblement malheureux. De même, la contradiction saute aux yeux lorsque nous sommes présentés à quelqu'un de préoccupé. Machinalement, il débite sa formule de politesse : « Enchanté de vous connaître. » Ses mots sont aimables mais son regard s'échappe, il tend une main distraite, son corps paraît crispé… Ce n'est pas à ses paroles mais à son attitude physique que nous nous fions pour penser qu'il n'est pas du tout enchanté de nous connaître, qu'il est ailleurs.

Autre exemple, demandons à une amie comment elle va. Elle répond d'un petit air pincé, triste, précipité : « Très

→

bien merci », et nous comprenons aussitôt que, contrairement à ce qu'elle dit, elle ne va pas bien du tout. Alors bien sûr, il importe que nos phrases d'accueil soient chaleureuses, mais seulement si le corps et les mimiques suivent, avec ouverture et sympathie.

Cette primauté du langage corporel est à la fois une bonne et une mauvaise nouvelle. Une mauvaise nouvelle parce qu'il va falloir contrôler bien plus de choses que nous ne pensions : faire attention à notre voix, à nos gestes afin qu'ils transmettent, eux aussi, le message positif que nous voulons faire passer. Une bonne nouvelle car il n'est pas nécessaire d'avoir une vie intéressante et quantité de choses à raconter pour faire bonne impression. Non, il suffit de faire dire à nos expressions que nous sommes très contents d'être là, heureux de faire connaissance et prêts à l'échange.

Les bases de la sympathie

Sur quoi se fondent les autres pour décider que nous sommes plus ou moins sympathiques ? Très peu sur ce que nous disons : nos mots, nos idées sont pris en compte à 7 %. Importe beaucoup plus la manière dont nous disons les choses, sur quel ton, avec quelle douceur, quelles intentions dans la voix, des critères qui entrent à 38 % dans les jugements portés.

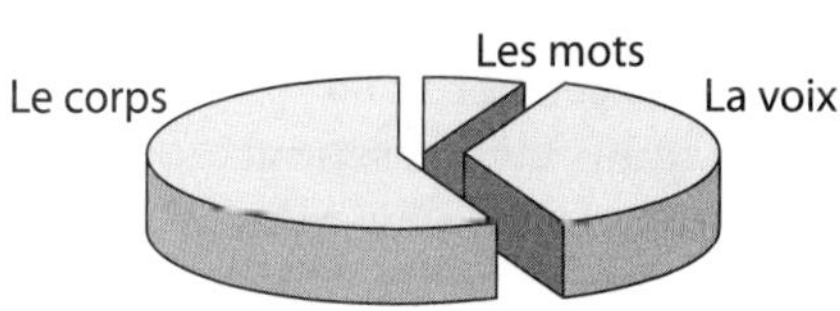

→

Enfin, le plus important est le langage du corps et toutes les émotions, les sentiments qui se lisent sur notre visage. Ils sont décisifs à 58 %. (Certaines données étant cotées deux fois, on obtient 103 % au coefficient de sympathie de Mehrabian, 1971.)

Qui se ressemble s'assemble

Souvenons-nous que nous sommes à l'aise avec ceux qui nous ressemblent. D'ailleurs, quand les gens s'entendent bien, ils font des commentaires du genre : *« Elle me rappelle quelqu'un. Il est comme moi. Lui et moi, on pense exactement la même chose… »* Dans toutes les relations humaines, on redoute la différence. Quand on la constate, il y a du jugement, du rejet, de l'agressivité dans l'air. Mais comment ressembler à n'importe quel interlocuteur ? Eh bien, en se mettant en phase avec le ton de sa voix, ses gestes, ses postures. C'est si vrai que la PNL (programmation neurolinguistique) semble dire : imitez-le, il vous aimera.

Imitons-nous les uns les autres

Tout est parti d'une observation faite par les Américains, ces as de la communication. Ils se sont rendu compte qu'au restaurant, les gens qui communiquent bien se synchronisent spontanément : quand l'un prend son verre, l'autre aussi. Quand l'un mâche tranquillement, l'autre prend son temps. Quand l'un baisse le ton, l'autre l'imite, etc. Ils se sont alors demandé s'il ne serait pas intéressant d'inverser la proposition et de commencer – sans attendre que la sympathie s'installe – par calquer gestes, voix et postures sur son interlocuteur pour que le courant passe…

Évidemment, il pourrait s'agir d'un truc assez grossier si la synchronisation n'était un processus naturel. Je me rappelle avoir été interrogée un jour par une journaliste de la radio belge. L'interview se passait exceptionnellement bien. Mais je me sentais changer à mesure que l'émission avançait. En effet, comme elle, je parlais de plus en plus lentement, d'une voix de plus en plus grave, jusqu'au moment où moi aussi, je me suis entendu parler avec l'accent bruxellois !

Quand on marche avec quelqu'un dans la rue, on aligne son pas sur le sien. De même pour la voix, les mimiques, les rythmes de déplacement, etc. Sans le savoir, nous imitons notre entourage. Nous prenons le pli d'une ambiance, d'un climat (que nous pouvons aussi initier). Voyez au bureau comme certains collègues sont stimulants, tandis que d'autres engagent à l'agressivité, à la paresse. Incontestablement, des ondes passent entre les gens. Certaines donnent du pep's, d'autres rendent d'humeur créative ou dolente. Faites partie de ceux qui mettent une bonne ambiance, compétente, paisible. Mais ayez la sensibilité de ne pas rire quand quelqu'un a du chagrin ou de ne pas vous plaindre quand tout le monde s'amuse…

SYNCHRONISEZ-VOUS

Spontanément donc, nous nous imitons les uns les autres. La PNL va plus loin. Elle propose d'en faire un acte volontaire pour donner l'impression que vous êtes

→

« comme elle, comme lui ». Votre partenaire décroise les bras, il se rapproche, il parle vite... synchronisez-vous sur lui, comme si vous étiez une sorte de papier calque. C'est une manière de le valider, d'abonder dans son sens, de se laisser influencer par ce qu'il est. Il ne s'agit pas de le singer bêtement, mais plutôt de lui emboîter le pas comme le font les bons danseurs se glissant l'un dans l'autre pour enrouler leur valse.

Une relation… à deux

Se couler dans le moule de son partenaire, lui emboîter le pas mais… dans un échange réussi, les deux interlocuteurs s'expriment. La rencontre est égalitaire. Il n'y en a pas un qui pérore et l'autre qui acquiesce ; l'un qui fait la roue et l'autre qui admire. L'un qui dicte sa loi et l'autre qui obéit. Les deux partenaires doivent sortir de cette rencontre contents et enrichis. Tous les deux doivent avoir atteint leurs objectifs et vu leurs besoins satisfaits. Il s'agit donc d'écouter l'autre bien sûr, de chercher ce qui, en soi, lui ressemble ou l'intéresse. Mais en parvenant aussi à s'affirmer tranquillement. Pour bien comprendre cette nécessaire affirmation de soi, commençons par voir ce qu'elle n'est pas.

Les contre-performances

- **La manipulation.** On caresse l'autre dans le sens du poil. On lui sourit, on le complimente mais sans y croire vraiment, dans le seul but de parvenir à ses fins. Aucune sincérité dans cette manipulation.

Et ne croyons pas qu'en face de nous, on soit dupe. On communique mal dans la tricherie.

- **L'agressivité.** Les attaques consistant à contredire, critiquer, opposer ne sont pas non plus affirmation de soi. Cette agressivité traduit soit un sentiment de supériorité et de mégalomanie, soit un sentiment d'infériorité compensée mais dans les deux cas, peu importe ! On se moque du pourquoi quand les façons agacent. Jamais on ne vous appréciera si vous empruntez cet épineux chemin.
- **La dérobade.** Dans certaines relations, on rencontre aussi le genre anguille qui se dérobe, se détourne, change de sujet, fuit la discussion… Évidemment, cette personne ne s'affirme pas : elle s'échappe.
- **La soumission.** Enfin, il y a celui (ou celle) qui – pour ne pas avoir à exister – se positionne comme inférieur, subalterne, ne valant pas la peine d'être connu, entendu, regardé. Pour plaire, croit-il, il se rabaisse ou s'absente en cédant toute la place à son vis-à-vis (qui finit par se lasser d'être en face de… personne).

Mais alors qu'est-ce que s'affirmer ? C'est faire valoir son point de vue, tout en respectant l'autre et ses idées. C'est avoir conscience de soi et de ce qui se joue, en ce moment, dans l'échange. C'est atteindre son objectif – et donc garder le contrôle de la situation – mais sans faire de forcing, en obtenant ce que l'on souhaite par la négociation et la compréhension des besoins de chacun : les siens et ceux de son partenaire. C'est enfin, bien sûr, garder son calme.

PAS DE COMPLEXE D'INFÉRIORITÉ

Dites-vous bien que vous n'êtes inférieur à personne. C'est à dessein que j'emploie le verbe « être ». Chacun d'entre nous est un être singulier, intéressant, digne de respect et d'écoute. De ce point de vue, nous sommes tous absolument à égalité. Si nous nous plaçons du point de vue de « l'avoir » c'est un peu différent. Certains possèdent plus de savoir, de compétence, d'expérience dans tel ou tel domaine et il est normal de le reconnaître et d'en tenir compte. Dans un entretien d'embauche par exemple, il convient de garder cette différence « d'avoir » à l'esprit, mais sans diminuer sa personne. De plus, vous apportez aussi une compétence. Elle n'est sans doute pas de même nature, mais elle mérite d'être mise en valeur.

Conclusion, ne faites pas comme ces gens qui expliquent la banque à un banquier, la santé à un médecin, la littérature à un écrivain. Mais ne faites pas non plus comme les timides qui se sentent nuls, même pour parler du temps qu'il fait. Si nécessaire, soyons modestes sur « l'avoir » mais toujours à égalité sur « l'être ». Telle pourrait être la conclusion de ce chapitre.

5 CLÉS POUR S'AFFIRMER...

1. L'authenticité. C'est ne pas tricher. Dire ce que l'on pense (ce qui ne signifie pas dire tout ce que l'on pense).

→

2. Le courage. C'est assumer ses goûts, ses idées, sa vérité. Ne pas prétendre être un autre.
3. Le respect. C'est éventuellement ne pas être d'accord et le dire, mais sans s'excuser ni agresser. Affirmer tranquillement son point de vue.
4. L'optimisme. C'est accepter les critiques comme des occasions de progrès. Sans se sentir diminué.
5. La curiosité. C'est communiquer vraiment avec les autres, être curieux de ce qu'ils pensent et le montrer en posant des questions, en calmant le jeu, en réagissant et en faisant réagir. Montrer son intérêt en rendant l'échange vivant.

Tout le monde a peur

Vous me direz que la technique, les trucs, les conseils, c'est bien gentil, mais qu'il y a la peur qui fait baisser les yeux, s'enfuir, rentrer sous terre. Oui, oui, c'est vrai, mais soyez conscients que tout le monde, un jour ou l'autre, a peur de l'étranger, des jugements et du ridicule.

Le pire, ce serait quoi ?
Même Delphine, notre championne en relations humaines, doit surmonter sa « trouille » parfois pour aborder un acteur connu, affronter un employeur, un garçon qui lui plaît énormément. Elle se fait alors tout un cinéma, pensées rassurantes à l'appui : « Qu'est-ce qu'il peut m'arriver de pire ? Le pire serait qu'il me frappe et il n'ira pas jusque-là. Mais il peut me jeter. Et alors ? Je penserais que c'est un pauvre type. Et les réactions

d'un pauvre type, je m'en fous. Donc, je ne risque rien à essayer. » Même elle doit se mettre en condition pour se donner du courage.

Nous en sommes tous là. À un moment ou un autre de notre vie relationnelle – et surtout lors des premiers contacts – nous ressentons trac, stress, peur. Chacun de nous éprouve une petite (ou une grande) appréhension au moment de sonner à la porte, d'attraper son téléphone, d'affronter le public car il s'agit d'une peur-réflexe face à la nouveauté.

C'est l'inconnu qui inquiète et « les films » que l'on se fait.

Cet autre que l'on aborde, on ignore qui il est, comment il va nous recevoir. Peut-être va-t-il nous envoyer sur les roses ou nous accueillir les bras ouverts. Mais comment savoir ? L'étranger inquiète. On ne sait pas ce qu'il pense, le bien ou le mal qu'il peut faire, quelles sont ses intentions. Dans certaines situations, nous sommes même doublement craintifs : quand on est demandeur, quand l'inconnu est un homme (ou une femme) important, une personnalité connue, quand la rencontre est déterminante pour nous, quand on n'a pas confiance en soi…

Ces inquiétantes premières fois

Il faut avoir le courage d'oser, c'est la seule solution.

Aucune recommandation n'est plus utile que celle-ci car la peur se dissout dans l'action, même la pire de toutes (et heureusement la plus rare), celle qui paralyse. Cette panique, on l'éprouve quand on est

« bombardé » face à des étrangers, dans des conditions inconnues, lorsque tout est nouveau : le lieu, la situation de communication, les personnes. C'est la première fois qu'on est invité, on ne connaît personne, la première fois qu'il faut s'exprimer dans un groupe, prendre la parole en public… Les premières fois nous terrifient.

LES 2 ANTI-STRESS

La peur naît de l'ignorance. Elle s'apaise dès qu'on se fixe :

- **un objectif précis :** faire passer tel message, obtenir tel renseignement, tel rendez-vous.

Elle cède aussi quand on s'appuie sur :

- **une technique solide.** Comme le comédien paniqué s'appuie sur son texte, appris par cœur, nous nous appuierons sur des réflexes : sourire, respirer, faire le premier pas, etc.

Moins forte est la peur venant d'un ego mal en point : on ne se sent pas à la hauteur. On craint le rejet, le ridicule, de se sentir vulnérable, pas très intéressant, de n'avoir rien à dire. Oh ! bien sûr, il nous arrive en ce cas d'aller vers les autres mais dans quel état : hostilité, fuite, excès en tous genres (d'amabilité, d'agressivité, de sourires crispés voire de maladresses, etc.). Et le reste du temps, repli sur soi.

Stop ! Reconnaissons les symptômes du manque de confiance en soi. Il se manifeste par cette peur au ventre qui tenaille, dès qu'il s'agit d'aborder quelqu'un. Si elle vous étreint, c'est que vous imaginez le pire.

Ne prétendez pas vous rassurer en vous disant que tout va bien se passer : pour l'heure, vous n'y croiriez pas.

Dites-vous plutôt que vous pouvez tout supporter : de rougir, de bafouiller, d'essuyer une moquerie, de vous faire agresser, rembarrer, dédaigner.

D'ailleurs, que vous importera la suite de la rencontre si l'on vous traite ainsi ? Au moins, vous serez fixé. Vous n'aurez pas envie de travailler avec cet employeur sadique, de devenir le petit ami de cette fille prétentieuse, la copine de ce nul, etc.

Oui, vous pouvez tout affronter… y compris la politesse, la gentillesse, un sourire, d'ailleurs bien plus probables puisque les autres sont comme vous : ils ont besoin d'être aimés et appréciés. Acceptez la variété des relations humaines, certaines agréables, d'autres pénibles. Concernant les plus pénibles, il est toujours temps, surtout pour un premier contact, de dire au revoir poliment et… définitivement.

Osez

Ainsi, la peur ne s'envole pas d'elle-même (d'elle-même, elle s'enkyste). Le seul moyen de la combattre est de passer à l'action car plus on l'affronte, plus elle recule. Parler devant un micro, une caméra, un public… tout ce qui m'affolait voici quelques années est devenu (presque à chaque fois) un plaisir. Acceptez vos appréhensions

→

mais refusez qu'elles vous entravent. Allez-y malgré elles (voire grâce à elles) pour le seul plaisir de les vaincre. Comme le trac des acteurs fond à l'entrée en scène, l'angoisse se dissout quand on y va. Mieux, la confiance en soi s'en nourrit. Et peu importe le résultat : vous avez osé et c'est cela qui compte !

Transformons nos angoisses en pouvoir sur nous-mêmes. Ne laissons pas les craintes nous gouverner, ni nous freiner. Au lieu d'y voir un problème, considérons-les comme des occasions de nous dépasser, de faire nos preuves, de devenir plus forts pour aborder le monde. Voici l'un des grands secrets de la réussite (et de la joie de vivre) : plus nous osons, plus nous pouvons.

2

Préparer la rencontre

En précisant ses objectifs non seulement on se rassure mais on s'adapte mieux. Car alors on prévoit quel aspect de nous-mêmes faire valoir et quelles stratégies de communication mettre en œuvre. L'idéal est de prendre un maximum de renseignements avant la rencontre, de s'informer sur les gens que l'on va rencontrer, sur l'entreprise auprès de laquelle on postule, sur cette fille qui nous plaît tant mais qu'on ne sait pas comment aborder, sur les invités de cette fête, la tenue exigée, le cadeau qu'il convient d'offrir, les marottes de notre hôte, etc. Un communicateur averti en vaut deux. Ce seront autant de situations délicates évitées, autant de sujets de conversation découverts. Ainsi nous nous prémunirons contre les silences embarrassants et les impairs qui nous mettraient si mal à l'aise.

Préparer la rencontre, c'est aussi se connaître. Nous avons tous un profil relationnel, c'est-à-dire des qualités de communication mais aussi des défauts. Les timides, par exemple, ont une bonne écoute, trop d'écoute peut-être. À ne pas se dévoiler, ils risquent de gêner. Les agressifs eux, sont entreprenants mais trop pressés. Découvrons qui nous sommes, l'effet que nous produisons sur les autres car il suffit de changer un détail parfois pour passer beaucoup mieux la rampe, et auprès de tout le monde.

Une bonne rencontre se déroule entre personnes détendues. L'aisance s'acquiert en prenant conscience de soi, de son corps, de ses pensées. Enfin, quelques exercices de relaxation permettent de tempérer son trac, son stress… Vous les apprendrez aussi.

Entraînez-vous devant la glace à sourire, à vous présenter, à tendre la main. Comme la danse ou le dessin, la communication est un art qui se compose de techniques et d'inspiration mais aussi d'entraînements répétés. Mimez pour vous-même les attitudes à adopter puis allez vers les gens, progressivement, en commençant par les situations les plus familières pour oser peu à peu celles qui vous intimident le plus. Bientôt, entrer en contact deviendra un plaisir, voire un loisir : il est tellement réjouissant de savoir qu'on peut adresser la parole à tout le monde, entrer en conversation partout et en toute confiance.

Précisez bien l'objectif !

On se rencontre toujours pour quelque chose : pour décrocher un emploi, acheter un vêtement, passer le temps agréablement, demander un service ou tout simplement pour faire connaissance. C'est une évidence, me direz-vous, mais une évidence qui mérite d'être précisée. Une communication réussie n'est pas forcément une « bonne » communication, mais une communication efficace qui atteint son objectif.

Un bon contact est efficace

Car le but parfois est de couper court, d'évincer un importun et cela dans les termes les plus favorables pour soi et pour l'autre, psychologiquement parlant. Si on admet qu'on ne veut pas entrer en contact avec cette personne, alors la réussite consiste à lui échapper, soit en l'ignorant soit en affirmant, poliment mais fermement, que nous n'avons pas de temps à lui consacrer, ni besoin de pommes de terre ou de ramoneur et au revoir, un sourire et bonne journée.

Imaginez que vous ayez un super contact avec votre potentiel employeur mais qu'il donne le job à un autre : moment sympathique mais objectif raté ! Ou que vous ressortiez de chez le boucher avec des tas de compliments mais un rôti dur et mal ficelé. Ou que vous vous laissiez emberlificoter dans les bavardages soporifiques d'un invité indésirable, au lieu de passer la soirée amusante que vous espériez. C'est que vous avez oublié votre objectif premier.

Préciser son objectif aide à ne pas le perdre de vue, à garder le contrôle de la situation, à obtenir ce que nous voulons. La marche à suivre en découle.

Cette précision aide et rassure aussi notre interlocuteur : notre message est clair et cohérent. Il sait exactement quoi faire pour nous contenter. Le seul risque serait d'être un peu trop direct. C'est pourquoi l'amabilité systématique paie toujours.

Le bon réflexe, la politesse

Dans n'importe quelle situation, commencez par une formule de politesse, un sourire. On pourrait croire que c'est du temps perdu, mais non. Des études ont montré qu'un contact chaleureux irrigue le cerveau de flux euphoriques. La sympathie, même si elle est brièvement exprimée, rend les autres coopératifs, tandis qu'une attitude expéditive, négligeant les personnes, entraîne une hostilité sourde, une passivité faisant que nos demandes sont moins bien, ou moins vite, satisfaites.

Une stratégie sur mesure

Un objectif bien précisé permet également d'élaborer des stratégies de communication adaptées. Car chaque situation exige du sur-mesure. Vous entrez dans une charcuterie par exemple, les tactiques varient selon les cas.

- **Premier objectif, être servi vite.**
  Vous préparez mentalement la liste de vos achats, vous écourtez l'échange, évitez les aliments à la coupe et sortez à l'avance votre moyen de paiement. Les postures du corps, les mots, le débit s'adaptent aussi : puisque vous êtes pressé, vous marchez vite, votre porte-monnaie à la main. Les formules de politesse sont réduites à l'essentiel, votre débit est saccadé, vos phrases sont courtes.

- **Deuxième objectif, être servi au mieux.**
  Vous prenez le temps de discuter avec la vendeuse pour savoir quelles sont les spécialités maison, vous lui expliquez que vous cherchez un mets raffiné pour un repas de fête. Éventuellement, vous laissez passer le client précédent pour regarder à l'étalage quels plats cuisinés semblent les plus alléchants.
- **Troisième objectif, être repéré comme un bon client.**
  Là, vous prenez le temps de sympathiser, de raconter que vous venez d'emménager dans le quartier, de dire au patron, avec lequel vous établissez un contact visuel prolongé, que vous êtes très amateur de foie gras et de vol-au-vent, vous lui souriez. Empathique, vous parlez plus lentement, en prenant le temps d'une grande amabilité.

Soyez clair, soyez aimable car politesse, chaleur et précision sont les trois maîtres mots de l'efficacité. Et puis, rappelez-vous que votre but est d'atteindre votre objectif, en passant un bon moment.

Mauvaise formulation

Il y a aussi la manière de formuler l'objectif. Évitons une formulation :

→ **Trop négative :**

– *Je ne veux pas qu'elle me rejette.*
– *Il ne faut pas qu'il me dise non.*
– *J'espère que je ne vais pas m'ennuyer…*

Il n'en ressort aucune stratégie efficace. Rien que des peurs.

Pour les mêmes raisons, évitons une formulation :

→ **Trop floue :**
– *J'aimerais qu'on s'entende bien.*
– *Pourvu qu'on me donne ce travail.*
– *Je veux passer une bonne soirée.*

Certes, mais comment voulez-vous la passer cette bonne soirée : d'une manière joyeuse, en parlant à un maximum de gens, ou bien en ayant une relation privilégiée avec cette personne en particulier ? En fait, il existe mille manières de vivre un bon moment. Trouvons la nôtre, celle de ce soir.

Dans le genre flou, le pire objectif serait de « vouloir plaire ». Car rien n'est plus inquiétant et incertain. Surtout lors d'un premier contact, quand on ne connaît pas les gens. Et comment savoir si l'on plaît ? Comment mesurer quelque chose d'aussi subjectif ? De plus, quelle ambition ! En nous, des caractéristiques vont plaire, d'autres pas. Le résultat est non garanti.

Bonne formulation

Au travail, en amitié, en amour, une bonne formulation met en avant une qualité. Elle est :

→ **Positive :**
– *J'aimerais qu'il ait envie de travailler avec moi.*
– *J'ai envie qu'il me trouve sympathique.*
– *Je dois lui prouver mes compétences en informatique.*

→ **Précise :**
– *J'aimerais qu'elle me trouve beau.*

– J'aimerais qu'elle me trouve drôle
– J'aimerais qu'elle ait envie de devenir ma copine (je vais être attentif et doux...).
– J'aimerais qu'il me trouve intelligente (c'est un intello).

Selon l'objectif précisé, c'est l'un des aspects de nous-mêmes que nous valoriserons. Les rencontres improvisées obéissent aux mêmes règles. L'objectif demeure. Il consiste à établir une complicité éphémère avec ce passager du métro, par exemple. À rire ensemble d'une situation qui nous inquiète (le wagon est bloqué entre deux rames). À se rassurer l'un l'autre. Sachons toujours pourquoi nous sommes là, ce que nous attendons du moment et nous réussirons presque à tous les coups.

Un facteur d'adaptation en moins,
choisissons si possible le lieu de la rencontre.
Dans un espace familier qui nous convient,
nous serons plus à l'aise,
plus maîtres de la situation.

Et préparons-nous mentalement à toute éventualité : elle est en retard, elle est nerveuse, elle rougit... D'avoir tout prévu nous rend moins démunis. Dans le feu de la relation, si une gêne vient s'installer, nous saurons quoi faire, quoi dire, puisque nous aurons en quelque sorte « répété la scène ».

Répétez avant...

Arrivant en situation un peu connue (puisque déjà rêvée), nous aurons plus d'assurance. Nous saurons que les scénarios catastrophe sont irréalistes (rêver aide à relativiser). Que l'autre n'est pas si méchant. Que l'enjeu n'est pas si grave : celui ou celle qui accepte de nous rencontrer y trouve aussi un intérêt, sinon pourquoi le ferait-il ? Cet exercice permet de se poser les bonnes questions : quel genre de personne allons-nous rencontrer, quel type de contact faudra-t-il établir ? Où aura lieu la rencontre ? Comment faudra-t-il s'habiller, parler, se comporter ? La rêverie crée des points de suspension à remplir, en s'informant mieux.

Prendre un maximum de renseignements

Combien serez-vous ? Qui sera là ? Quel milieu social, quel âge, quels sont ses goûts, ses loisirs, ce qu'il ou elle fait dans la vie. Ce n'est pas de l'inquisition, c'est de la prudence. Averti, on risque moins de faire des gaffes, de demander à quelqu'un ce qu'il fait comme travail quand il vient d'être licencié (bonjour l'ambiance !), de parler de ses propres enfants à une femme qui essaie désespérément d'en avoir, de dire du mal d'Untel en s'adressant à sa cousine, etc. Et puis il est tellement plus facile d'entrer en relation, quand on sait déjà un petit quelque chose sur son voisin de table : *« On m'a dit que vous aimiez les chats »* est une entrée en matière moins convenue que : *« Et vous, que faites-vous dans la vie ? »*

La tenue exigée

Il est intéressant de se renseigner notamment sur la fameuse « tenue de soirée ». Certes, aujourd'hui on s'habille un peu comme on veut. Mais rien n'est plus pénible que de se sentir à côté de la plaque, habillé en souliers vernis quand les autres sont en baskets ou le contraire. Je me souviens d'un certain réveillon du jour de l'An. Le thème de la soirée : le rouge et le noir. Pas le temps de faire des achats, je demande à ma belle-mère (une femme élégante) si elle a un « truc un peu habillé à me prêter ». Oui justement, elle possède un sari en soie noire et rouge. Une aubaine ! J'enfile le « truc » et me retrouve au milieu d'une ribambelle de femmes sexy en jupes droites courtes et boléros. Pas facile dans un accoutrement décalé d'avoir cette aisance, ce naturel qui rendent sympathique. Sans compter la séance photos post-réjouissances ! Certains ridicules vous poursuivent longtemps…

Bref, renseignez-vous ! C'est encore plus vrai quand on contacte une entreprise. Internet peut nous informer sur l'ensemble de ses activités, et pas seulement sur le job pour lequel on postule. L'entretien d'embauche est en général précédé d'une prise de contact téléphonique, idéale pour tâter le terrain. Qui va nous recevoir ? Est-ce celui ou celle qui décide de l'embauche ? Quel genre de personnalité ? Comment aime-t-il qu'on se présente ? Avec un peu de chance, on peut réussir à le savoir. Si on a la personne en direct, on sent bien à son accueil s'il faudra se montrer plutôt sociable, dire des choses de soi, ou rester seulement professionnel, se montrer plutôt amical, ou rapide, efficace pour ne pas lui faire perdre son temps.

Avant un entretien d'embauche

Dans les entreprises aussi, il est question de savoir se synchroniser sur les autres employés (avant même d'être embauché). Les perfectionnistes se rendent sur les lieux, avant le rendez-vous, afin de respirer l'ambiance : s'agit-il d'un milieu assez traditionnel, d'une boîte branchée ? On peut en avoir une idée en observant les locaux, le look des salariés.

C'est ce qu'a fait un jeune comptable pressenti par une boîte de pub et heureusement. Lui qui n'en portait jamais avait pensé emprunter à son père un costume et une cravate pour faire « sérieux ». Erreur ! En pénétrant incognito dans la boîte, il s'est aperçu que le look maison se composait plutôt de jeans et queues-de-cheval pour hommes et femmes confondus. Il a gardé la veste mais enlevé la cravate, mis une chemise rouge et un jean évidemment. Un peu de gel dans les cheveux et le tour était joué ! Oui, parfois il faut savoir se déguiser… un peu.

Montrez un signe particulier

Observez qui est marquant dans le paysage audiovisuel français aujourd'hui. Qui sont les personnalités dont vous vous souvenez le mieux, alors que vous les avez peu vues ou pas plus que d'autres ? On les repère grâce à leur petit cheveu sur la langue (Sophie Favier), leurs lunettes d'une couleur particulière (Françoise Xénakis), d'une forme originale ou posées sur le front (Philippe Tesson),

→

leur costume (Jean-Luc Delarue), leur coiffure (Mireille Dumas), etc. Attirez l'attention sur l'une de vos particularités. Au besoin, créez-la et dites : *« Vous vous souviendrez, je suis la jeune fille à la broche Léopard... »*

Découvrez votre profil relationnel

Quel effet produisez-vous sur les autres ? Comment vous perçoit-on ? Nous avons tous un profil relationnel, c'est-à-dire une manière type de nous présenter. Aucune n'est entièrement mauvaise mais aucune n'est entièrement adaptée non plus. En faisant notre autocritique, nous pouvons facilement insister sur nos points forts et adoucir nos points faibles. Il s'agit parfois d'un détail mais d'un détail qui change tout.

Voyons la manière dont vous vous investissez dans le contact…

Vous êtes plutôt en retrait

Si vous avez peur des autres, vous vous sentez mal à l'aise avec ceux qui réussissent, qui sont énergiques, forts, sûrs d'eux-mêmes, beaux, qui s'expriment bien. Puisqu'ils vous intimident, vous les trouvez antipathiques. Tout va beaucoup mieux avec les gens plus en retrait, timides comme vous. Eux, vous les aimez bien. D'ailleurs, au sein de l'entreprise, vous préférez les petits employés aux grands chefs.

Deux choses sont fâcheuses : la première est que vous jugez sans connaître, la seconde est que vos valeurs s'en trouvent faussées. Les faibles ne sont pas a priori plus sympathiques que les forts. Tous sont à connaître personnellement, pour voir…

→ Point fort : dans la relation, vous savez écouter et c'est une immense (et rare) qualité.

Mais vous laissez votre interlocuteur prendre l'initiative de l'échange : c'est la forme de contact qui vous expose le moins. Vous êtes du type « répondeur ». Vous pouvez donner un conseil, un avis quand on vous sollicite. Vous pensez alors vous affirmer, mais pourquoi les autres pensent-ils que vous ne participez pas vraiment ?

→ Point faible. Il est toujours question d'eux et rarement de vous.

Ils ont l'impression de « ramer » pour déclencher une réaction un peu personnelle. Il faut sans cesse qu'ils donnent pour recevoir très peu. C'est en cela que vous pouvez mettre mal à l'aise. Vous n'avez pas confiance en eux, vous évitez l'échange, vous ne vous impliquez pas, du moins le croient-ils.

Ce complexe d'infériorité, ce sens de la hiérarchie vous inhibe (et vous pénalise sans doute professionnellement).

Essayez de vous installer plus souvent dans une position de force. Rencontrez les gens sur votre territoire. Informez-vous le plus possible sur ce qu'ils font, ce qu'ils sont… afin d'empêcher votre imagination de leur prêter des réussites, des moyens qu'ils n'ont pas. Apprenez à repérer les signes de faiblesse chez les forts et les signes de force chez les faibles. Et enfin, centrez-vous sur les personnes plus que sur les fonctions.

Prenez les devants

Oui, vous semblez trop passif, apparemment désinvesti. Allez ! Forcez un peu votre nature, prenez les devants, posez des questions, souriez, réagissez, donnez un peu plus volontiers votre avis, faites jouer vos mains, votre corps et parlez un peu plus fort... Ouf ! on se sentira beaucoup mieux.

Vous êtes plutôt « questionneur »

→ Point fort. Vous posez énormément de questions. Votre force est de vous intéresser aux autres.

Mais trop peut-être : n'est-ce pas une stratégie pour échapper à la relation qui se joue à deux ? Comme précédemment, sous une apparente empathie, vous cachez une timidité moins évidente mais bien réelle. Vous voulez connaître, mais vous ne voulez pas qu'on vous connaisse. Manque de confiance en soi, manque de confiance en l'autre ?

→ Point faible. En face de vous, on peut avoir la désagréable impression de passer un interrogatoire.

Sous le coup de vos questions, certaines personnes se croient obligées de répondre mais d'autres se sentent intimidées. Elles peuvent vous en vouloir, mentir pour se dérober à vos questions ou aller trop loin dans la confidence, les idées qu'elles ne voulaient pas dévoiler. Finalement, cette rencontre impudique leur laissera un assez mauvais souvenir. Soyez au moins de bonne foi : ne reprochez pas aux autres de ne pas s'intéresser à vous alors que vous induisez ces relations à sens unique.

> **Engagez-vous**
>
> Vous êtes un observateur-né et c'est une qualité. Mais ne le montrez pas trop ou pas seulement. Regardez et... participez. En vous préparant à la rencontre, pensez à écouter certes mais aussi à vous engager en donnant votre avis, en exprimant vos désirs et vos goûts. Ainsi, on aura moins l'impression d'être un insecte passé au crible de votre loupe.

Vous êtes plutôt agressif

Un peu d'agressivité, c'est bien, trop c'est pénible. Si vous avez tendance à enfermer les gens dans des catégories, si, intérieurement, vous tranchez : ridicule ! idiote ! péremptoire ! vous faites partie des (trop) agressifs. Bien sûr je caricature mais… votre regard est-il sans nuances, trop critique ? Est-ce que tout le monde vous agace, vous déplaît « quelque part » comme diraient les psychanalystes ?

→ Point fort. L'agressivité est une bonne chose : elle donne envie d'entreprendre, de se dépasser, d'aller vers les autres. D'ailleurs, en latin, agresser signifie « aller vers ».

Mais vous envisagez la rencontre comme un rapport de forces, comme un choc de comparaisons qui vous met les nerfs à vif. Mieux que moi, moins bien que moi, mais pour combien de temps et sur quel plan ? Cette évaluation vous rend irritable, parfois désagréable. Vous êtes dans un état de tension relationnelle quasi permanent, mais pourquoi ?

Soit vous êtes quelqu'un d'extrêmement énergique qui n'entend pas perdre son temps et qui sabre dans le réel par souci d'efficacité : celui-ci vaut la peine d'être connu, pas celle-là (mais avouez qu'à être aussi rapide, vous risquez de vous tromper souvent.).

Soit vous êtes un timide compensé qui, au fond de lui-même, ne se sent pas aimable, pas à la hauteur et qui décide de le dépasser en s'y prenant mal. Concrètement et sans le savoir, vous commencez par contrer votre interlocuteur (que vous prenez pour un adversaire et non pour un partenaire).

→ Point faible. C'est plus fort que vous, vous avez l'esprit de contradiction.

Vous ne pouvez pas vous empêcher de dire que vous n'êtes pas d'accord, car vous ne détestez pas créer une tension que vous prenez (à tort) pour de l'échange ou que vous croyez (à tort) très utile, comme si contredire faisait avancer le débat. En fait, si les gens qui sont en face de vous ont confiance en eux, ils trouvent cette opposition assez stimulante et entrent sans s'émouvoir dans votre jeu. Mais c'est assez rare. Plus vraisemblablement, soit ils se replient sur eux-mêmes et ne disent plus un mot pour échapper à vos jugements, soit ils vous répondent exactement sur le même ton hostile et bonjour les dégâts relationnels !

Adoucissez-vous

Avant une première rencontre, pensez au vocabulaire adouci que vous allez employer. Utilisez le moins possible de termes opposants, négatifs, tranchants. Prenez des gants, laissez les gens s'exprimer, efforcez-vous à la

→

bienveillance : personne ne vous veut du mal. Tournez sept fois votre langue dans votre bouche. Bref, un peu moins d'impulsion, un peu plus de nuances et de réflexion, devraient grandement adoucir votre côté bulldozer qui heurte et vous nuit.

Vous êtes tellement « charmeur »

Ah ! les charmeurs, ce sont les plus délicieux des interlocuteurs. Ils ont assez d'audace pour aller vers les autres mais ils y vont tout en douceur, en écoute, en sourires. Ils s'impliquent. On sait qui ils sont. Et puis ils ont une merveilleuse manière de faire croire que chacun est unique. Ils sont tellement positifs sur vous, sur le moment présent, sur « ce qui se passe entre nous » qu'on se sent la personne la plus importante, la plus intéressante du monde.

→ Point fort. Personne ne vous résiste parce que vous avez l'art d'être d'accord, favorable et de faire rire pour dissiper les tensions.

D'ailleurs, vous commencez souvent par de l'humour, une petite plaisanterie pour mettre les autres dans votre poche et détendre l'atmosphère.

Pour vous, la communication est une sorte de « sport » devant emprunter un ton particulier : proche, complice, léger. Chaque rencontre vous apparaît comme une sorte de défi à relever, vous poussant à vouloir subjuguer des personnalités extrêmes. En effet, rien ne vous paraît plus excitant que de créer un bon contact avec le SDF qui dort sur son carton au coin de la rue ET avec le chef d'entreprise qui coince votre rendez-vous au milieu d'une pléiade d'autres. Vous aimez séduire tout le monde, sans exception.

→ Point faible. Le risque est de vouloir conquérir des gens qui ne vous aiment pas ou de vous décourager quand votre charme n'opère pas immédiatement. Parfois aussi vous manquez de tact et d'empathie.

Car votre bonne humeur de principe peut vous rendre sourd aux humeurs de chacun. Mettez-vous à leur place et au diapason. Faites la distinction entre les moments où la légèreté convient et les autres plus solennels, plus formels. Attachez-vous un peu moins aux apparences, aux surnoms que l'on se donne, à la bise que l'on se fait, pour privilégier un peu plus le fond, le contenu et… le résultat car vous manquez parfois d'efficacité.

PENSEZ EFFICACITÉ

Oui, on vous a trouvé très sympathique mais avez-vous obtenu ce que vous vouliez ? En gommant votre côté parfois un peu mondain, vos relations gagneront en profondeur. Mais il est vrai que nous parlons surtout du premier contact. Et dans ce domaine, pas de doute, vous êtes champion !

Des trucs pour se détendre

Avant ou pendant un contact important, on a fréquemment besoin de se détendre en pratiquant des exercices de relaxation simples. En prenant conscience de son corps ou de ses idées, de ses émotions et donc de ses besoins. En se centrant sur l'environnement sensoriel, ce qui interrompra le flux inquiet de nos pensées.

Trois exercices de relaxation

→ Respirez sous le nombril

Si la nervosité s'empare de vous, une bonne technique consiste à imaginer que vos narines se trouvent juste sous votre nombril. Inspirez, expirez par là et vous aurez l'air d'avoir une parfaite maîtrise de vous-même, avant et pendant la rencontre.

→ Suivre l'air en vous

Si des idées de panique vous viennent à l'esprit, installez-vous comme précédemment et concentrez-vous sur votre respiration en pensant : « J'inspire, j'expire », tout en suivant mentalement le chemin de l'air en vous. Soyez particulièrement attentif à la sensation que vous éprouvez en le sentant passer dans vos narines. Enfin, quand une pensée se présente à vous, regardez-la passer sans la suivre, ni l'accrocher, ni la commenter. Regardez-la passer « comme une vache regarde passer un train », disent les maîtres en méditation.

→ Délier le « nœud »

En cas d'angoisse ou de stress, nous bloquons le diaphragme qui forme un nœud au niveau du plexus. On peut sentir ce nœud dans le milieu du dos. C'est un point douloureux, un verrou que l'on peut faire sauter en s'asseyant par terre, la tête entre les genoux repliés. Ainsi, le point de blocage est mis en évidence et maintenant, inspirez et expirez en soufflant dans ce « nœud » plusieurs fois, tranquillement, calmement.

> **AVANT UN RENDEZ-VOUS IMPORTANT**
>
> Prenez l'habitude de vous détendre avant un rendez-vous important. Débranchez le téléphone, dites à votre entourage de ne pas vous déranger pendant cinq petites minutes, installez-vous sur une chaise, le dos bien droit, fermez les yeux et commencez à respirer dans chaque parcelle de votre corps : dans le bas du dos, dans chaque vertèbre, dans les bras, les mains, toute la partie gauche de votre corps, puis la partie droite. Respirez dans le cou, la tête, le front, les joues, les yeux, les sourcils jusqu'à ce que tout votre corps respire.

Ce calme établi, travaillons la présence. Plus on est conscient de soi-même, plus on a de charisme. Prenons au sérieux notre approche positive de la rencontre, mais aussi les éventuels jugements négatifs portés sur les autres. Non pas pour les critiquer, mais pour savoir que, derrière un jugement, se cachent une émotion, un besoin.

Prenez conscience de vos besoins

Ne refoulez pas les étiquettes (il est nul), les généralisations (il ne fait jamais ce qu'on lui demande), vos manières de cataloguer (ce type est prétentieux), de dramatiser (je ne m'en sortirai jamais) ou de minimiser (ces remarques ne me font rien). Ces idées fugitives sont le signe de besoins non reconnus. *« Il est nul, il est prétentieux, grossier »* exprime par exemple le besoin qu'on vous dise merci, qu'on salue vos mérites et qu'on vous reconnaisse tout court.

Trois solutions pour satisfaire ce besoin identifié. Un, vous entourer autant que possible de gens chaleureux, reconnaissants, polis, etc., mais on ne choisit pas toujours. Deux, énoncer votre désir. Je connais une jeune femme qui prévient son entourage qu'elle a besoin « d'un petit coucou de temps en temps ». Enfin, il est une technique imparable : vous adresser à vous-même ces messages de sympathie. Félicitez-vous d'avoir été sympa avec Untel, efficace dans cette tâche, rapide pour en effectuer une autre et ainsi de suite. Ainsi contenté, vous serez plus satisfait, que vous abordiez ceux qui vous valorisent ou… les autres.

Si des émotions, des idées trop négatives vous envahissent, regardez autour de vous, centrez-vous sur l'extérieur, les matières, les couleurs, les odeurs, écoutez les sons, savourez bien la nourriture que vous êtes en train de manger : accrochez-vous à ces sensations pour interrompre le flux de vos pensées négatives. Ainsi, vous cesserez d'alimenter les émotions qui vous font du mal.

La technique de la dissociation

Cette technique consiste à séparer en soi la partie qui ressent, de la partie qui regarde. Les enfants battus le font spontanément, pour souffrir moins. Ils observent leur père donnant des coups à un autre. Sentez que vous sortez de votre corps pour aller toucher le plafond par exemple. Vous y êtes ? Maintenant, retournez-vous et regardez-vous rougir en faisant la bise à cette fille géniale que vous n'osez pas aborder. Entraînez-vous à la dissociation, en prenant bien conscience de vous-même allongé devant la télé, assis à table… Maintenant levez-vous en pensée, éloignez-vous et regardez l'endroit que vous venez de quitter. Vous voyez-vous ?

→

On peut se déporter dans le temps ou dans l'espace. Cette technique est particulièrement pertinente quand on souhaite prendre du recul par rapport à une personne, à une situation intimidantes.

Prenez conscience de votre corps

Prendre conscience de soi, c'est aussi prendre conscience de son corps dont les postures, les tensions changent selon les circonstances, votre humeur, les personnes rencontrées. Ces variations renseignent sur vos émotions : êtes-vous à l'aise, inquiet, en retrait, gêné ?

- **Votre démarche** est-elle légère, lourde, lente, rapide…
- **Votre regard** est-il franc, pénétrant, fuyant, doux, interrogateur ou portant loin sur l'horizon…
- **Vos postures** sont-elles souples, avachies, rigides, tendues, fermées…

Cet état des lieux permet de rétablir en vous un certain équilibre.

AYEZ L'AIR CONFIANT

Remuez, détendez les zones crispées, redressez la tête, comme si vous étiez confiant, rassuré et ça viendra. Prendre conscience de son état émotionnel et physique aide aussi à déterminer ce que les autres peuvent percevoir de vous. Ces perceptions sont-elles adaptées à l'impression que vous souhaitez donner ? Plus concrètement, rendez votre corps plus présent, plus vivant avant

→

d'affronter un rendez-vous qui va mobiliser en vous une grande énergie. Comment ? Eh bien, bougez, sautez, courez, boxez dans le vide pour faire circuler votre sang et oxygéner vos cellules.

Les trucs anti-trac

Il n'est déjà pas facile d'aller à un premier rendez-vous amoureux, de se présenter devant un futur employeur ou de s'exprimer devant trente personnes lorsqu'on déteste prendre la parole en public. Mais s'il faut en plus affronter les conséquences physiques du trac, ça tourne vite au cauchemar. Sauf si vous connaissez les bons trucs.

→ Vous transpirez

Les hommes le font en télé, ils s'agitent un séchoir sous les aisselles pour sécher leur chemise. Une autre tactique consiste à avaler une cuillerée à café de sel avant l'heure dite. Cette prise provoquera une rétention d'eau qui vous laissera le front et le corps secs. Évidemment, prévoyez de boire un litre d'eau en sortant.

→ Vous avez la bouche sèche

Les pavloviens proposent de provoquer un réflexe conditionné en imaginant quelque chose qui vous fait saliver : du chocolat ou un citron coupé dans lequel on mord à pleines dents. Pensez-y régulièrement, le réflexe finira par s'installer : dès que vous y songerez, vous saliverez. Une autre méthode consiste à mâcher du chewing-gum (avant, pas pendant) ou à se mordre la langue pour humidifier la bouche.

→ Vous rougissez

Hormis le fond de teint pour les femmes, pas de salut. N'espérez pas que vos rougeurs passent inaperçues. Tout le monde les remarque et les trouve charmantes. Les hommes en particulier sont flattés de vous faire cet effet. Mais comment arrêter l'engrenage, éviter le rouge pivoine ? Le désamorçage peut s'obtenir en en parlant : *« Tiens, vous me faites rougir ! »* On peut aussi prétendre qu'il fait une chaleur torride ! Mais attention aux mensonges : ça fait rougir !

L'aisance, ça se travaille !

« Le contact se passe bien pour moi quand je me sens à l'aise, c'est-à-dire quand je sens que les gens sont simples, qu'ils ne se la jouent pas, qu'ils ne se sont pas fait une idée de moi avant de me connaître. Je me sens mal à l'aise quand les autres sont mal à l'aise. Je le sens à leurs gestes, leurs paroles, leurs attitudes. J'ai besoin d'être mise en confiance et ce qui me met en confiance, c'est l'ouverture. » Elle dit beaucoup de choses Marie, 34 ans, grande timide qui déteste les premiers contacts : la principale étant qu'elle rêve d'avoir de l'aisance, parce que l'aisance est un sésame permettant de se sentir bien avec tout le monde, en toutes circonstances.

« Comme je voudrais être le monsieur qui passe », chantait Serge Reggiani… Mais tout le monde peut devenir le monsieur qui passe. L'aisance s'acquiert par la pratique comme les gestes de l'artisan se perfectionnent avec le temps. Quand nous parlons d'aisance, nous parlons de naturel. Il s'incarne dans la souplesse

des gestes, l'ouverture du visage, la hauteur et la force de la voix, dans le choix des mots.

ENTRAÎNEZ VOTRE « NATUREL »

On peut s'entraîner comme l'acteur prépare son rôle. Allez-y essayez ! Sentez votre corps se redresser comme s'il sortait de sa coquille. Voyez-le ouvrir les bras, montrer le buste, aller au devant des autres. Les gestes sont assez lents, les expressions du visage ouvertes, accueillantes, le regard direct. Apprenez ce rôle par cœur et bientôt, il deviendra une seconde peau.

Ces gestes de l'ouverture relationnelle sont la base. Ensuite, vous apprendrez à adapter, à moduler en rendant ce naturel plus ou moins expansif, chaleureux, tactile (selon les circonstances, les personnes), comme on cuisine une vinaigrette plus ou moins épicée, plus ou moins vinaigrée selon les hors-d'œuvre. Marie parle aussi de son état d'esprit. Comme elle, vous savez déjà communiquer. Vous avez un bon contact mais seulement avec les gens que vous connaissez : famille, amis, collègues.

Vous allez progresser.
À condition d'y croire !

Pour cela, peut-être vous faut-il changer de lunettes et… de souvenirs. En Marie, cette jeune femme belle et mince, survit l'adolescente ronde et complexée dont certains se moquaient : « *A priori, je suis sur la défensive car il a été négatif le regard des autres, autrefois, à l'adolescence, quand j'étais peu sûre de moi. Il y a sans doute eu des bons et des mauvais contacts mais les mauvais m'ont plus marquée. »*

Pour deux ou trois personnes injurieuses ou maladroites, autrefois, faut-il compromettre toute une vie de relations ?

Cultivez les bons souvenirs

Souvent, les timides s'accrochent à leurs mauvais souvenirs relationnels pour justifier leurs peurs, leurs blocages. Alors qu'ils ont connu quantité d'autres relations neutres ou bonnes, voire excellentes. Faites un petit effort de mémoire, souvenez-vous de sourires, de connivences vécues dès le premier contact. Ne vous laissez pas gouverner par le pire. Laissez les bons souvenirs émerger. Faites-les mousser. Souvenez-vous de cette rencontre si gaie avec ces campeurs croisés en Bretagne, cette dame dans le métro, cette étudiante sympa... Ils vous donneront une confiance, un optimisme de bon aloi.

Voyez encore comme Marie s'exprime de manière passive. Si les autres sont dans de bonnes dispositions, alors elle l'est aussi. Mais faut-il attendre qu'ils nous facilitent la vie et le contact ? Nous pouvons agir en premier pour que le courant passe. Nous pouvons nous détendre, travailler sur nous-mêmes, avoir l'audace de les aborder. Quelle victoire ce serait pour Marie si elle agissait au lieu d'attendre le bon vouloir d'autrui ! Nous en empêchent des phrases du genre : *« Je ne sais pas… Je ne peux pas… Je n'oserai jamais… »*

LA TECHNIQUE DU CONTREPIED

Jean-Claude Liaudet dans *Croire en soi ou la confiance perdue et retrouvée* propose de pratiquer « la technique du contre-pied » consistant « à transformer ses plaintes en objectifs d'action ». Vous pensez que jamais vous ne pourrez adresser la parole à cette personne ? Eh bien, allez-y, approchez-la, dites-lui bonjour. Toutes les pensées négatives peuvent devenir des buts à atteindre. Ils prendront la forme d'objectifs, petits d'abord et de plus en plus audacieux. Pour trouver ce courage et persévérer, le critère de réussite doit se mesurer aux efforts fournis sur soi-même, et non par rapport à la réaction positive ou négative obtenue. Que cette fille vous ait envoyé promener n'a pas d'importance ; ce qui compte, c'est que vous ayez eu le courage d'aller la voir et de lui parler...

N'oubliez pas non plus la notion d'échéance. Il est très important de se fixer des délais, sinon on cède à la tentation de la procrastination consistant à remettre à plus tard ce que l'on peut faire le jour même. Dites-vous : *« Dans le quart d'heure qui vient, je vais lui dire bonjour ! »* Enfin, ne craignez pas (et cela ne doit pas vous décourager) d'envisager les obstacles qui peuvent se dresser en travers de votre route : *« Ce n'est pas elle qui décroche mais son père. Le type qui est assis à côté d'elle est avec elle. Je dis bonjour mais personne ne me répond... »*

Nous avons vu que se préparer à toutes les éventualités donne des ressources supplémentaires. Mais évidemment, les objectifs doivent être réalistes. Il n'est pas question de devenir, en un claquement de doigts, la vedette de la soirée, celle vers laquelle se tournent tous les regards. Il s'agit seulement de progresser d'un iota qui va représenter une petite amélioration par rapport à nos capacités habituelles. Fixez-vous un critère objectif de réussite : *« J'ai téléphoné. J'ai pris contact. J'ai regardé dans les yeux. J'ai abordé cette collègue »*, etc. Sans vous juger sur la méthode.

Avec de l'entraînement, tout est possible.

Je me souviens d'un jeune homme très timide fasciné par la plus belle fille du monde (selon lui) qui participait au même voyage organisé. Tétanisé, il était bien incapable de lui parler. Mais le dernier jour, dans le car, craignant de passer à côté de la femme de sa vie, il a laissé tomber sur les genoux de sa déesse un petit papier plié en huit. On ne sait pas ce qu'il avait écrit (secret d'amoureux) mais ils sont aujourd'hui mariés depuis dix ans. Et très heureux, semble-t-il, qu'il ait osé « cette folie ».

Bref, pour acquérir cette aisance mythique essayons de nous jeter à l'eau le plus souvent possible mais raisonnablement et à notre manière afin de ne pas nous décourager. Et puis, on peut se donner le droit à l'erreur. Au début, on est maladroit, on patauge, on se trompe.

C'est à force de pratique qu'on acquiert des automatismes. L'aisance qu'on envie tant au « monsieur qui passe » n'est pas autre chose qu'un ensemble acquis de réflexes relationnels : aller vers l'autre, lui sourire, le regarder, avoir envie de le connaître, etc. Avec de l'entraînement, dites-vous bien que tout est possible. Vous pourrez un jour parler à tout le monde, aborder une star dans la rue, prendre la parole en réunion, faire rire cette si belle fille, parler en public. Cet objectif lointain doit vous donner le courage d'assumer avec indulgence vos maladresses présentes, car elles vous conduisent, lentement mais sûrement, au plaisir de maîtriser toutes les situations relationnelles, même celles qui aujourd'hui vous semblent hors de portée.

Mesurez vos progrès

La technique consiste à s'exposer progressivement aux situations relationnelles angoissantes mais sans vouloir aller trop vite.

Observez d'abord les situations dans lesquelles vous vous sentez mal à l'aise :

- entrer dans une boutique,
- demander un renseignement dans la rue,
- téléphoner à un ami,
- téléphoner à des gens que vous ne connaissez pas,
- demander un service à un collègue,
- dire non,
- prendre la parole dans un groupe,
- parler en public.

En classant chaque situation sur une échelle de 1 à 10 vous aurez une idée de la manière dont vous allez vous exposer, progressivement, en commençant par la situation la plus facile pour vous. Ainsi vous pourrez mesurer vos progrès et les évaluer périodiquement.

3

Les premières secondes

Qui n'a jamais rêvé d'avoir de l'aura, du charisme, une présence ? Voyez ces hommes, ces femmes qui séduisent d'emblée. Ils entrent dans une pièce et, comme par magie, les regards, l'attention se tournent vers eux. Quoi qu'ils fassent, quoi qu'ils disent, ils plaisent, ils attirent. On les aime. On les écoute et on les suit. Cette présence est d'abord physique. Le corps droit, les gestes ouverts, le regard direct. Tout en eux indique la confiance et l'envie de communiquer. Les imiter n'est pas si difficile.

Soyez de bonne humeur, souriez… avec les sourcils. Prenez les devants, présentez-vous comme si vous n'aviez pas peur. Prenez l'air de celui qui est content d'être là, avec les autres. Pensez comme on met en œuvre la méthode Coué : *« Je suis heureux de vous rencontrer »* et tout votre être le confirmera. On a un bon contact quand on paraît à l'aise. Et quand on met les autres à l'aise. Ils sont gênés ? Faites comme si vous ne le sentiez pas. Peu à peu, ils se détendront aussi. Tout se travaille, l'attitude, la voix (douce de préférence), la poignée de main (ferme), le bonjour…

Inutile d'en faire des tonnes. Il suffit de se montrer curieux, intéressé. Ceux qui en font trop obligent à répondre sur le même ton. Une obligation de réciprocité embarrassante pour les moins expansifs. Une ouverture bien dosée ne force rien. Elle propose la rencontre dans laquelle le timide ou le boute-en-train peut se glisser à son aise, à son rythme, tel qu'il est. Pendant ces premières secondes, le corps est en première ligne. Donnez-lui de la souplesse, du liant, une cohérence et vous aurez cette présence qui donne envie d'aller plus loin.

Réussir son entrée

Comme le comédien, on peut réussir ou rater son entrée en scène. Ratée, il est toujours possible – mais plus difficile – de remonter la pente. Commençons par laisser le manteau au vestiaire. Rester couvert indique la méfiance, la fermeture, l'envie de s'en aller au plus vite. D'ailleurs, la politesse veut qu'on n'entre jamais dans un bureau, encore moins dans un salon, avec un vêtement d'extérieur sur le dos. Évitons aussi les parapluies, les grands sacs et autres objets encombrants. Ces excédents de bagages donnent l'air « empoté ». Ils créent une distance. L'interlocuteur moins vêtu se reconnaît mal dans ce « voyageur » ne faisant que passer. On pourrait croire que jouer les Bécassine est une manière de se donner une contenance. Certes, mais ce n'est pas la meilleure.

Une indispensable bonne humeur !

Rappelons l'attitude la plus appréciée : simplicité, ouverture, franchise. Qu'elle soit porteuse de confiance et d'optimisme. On doit sentir à votre entrée en scène que vous allez apporter du plaisir, un savoir-faire, un savoir-être. Et que vous allez prendre le temps de l'échange. Cette attitude ouverte et assurée se travaille éventuellement devant la glace. Pour faire bonne impression, il faut avoir l'air optimiste, authentique et heureux d'entrer en relation avec les autres. Mais comment faire passer cette idée, physiquement parlant ?

En jouant sur sa bonne humeur d'abord. Ces « bonnes ondes », dont on parle quelquefois, ne sont rien d'autre qu'un état d'esprit réjoui, donc réjouissant.

Vous avez envie que le courant passe ?
Ne cherchez plus vos mots.
Soyez présent, vraiment content d'être là,
avec cette personne, ça suffira !

D'ailleurs, l'avez-vous remarqué ? Certains jours nous semblons plus attirants que d'autres. On vient vers nous, on nous parle. Des gens nous demandent leur chemin. Ils nous sourient, s'attardent. D'autres jours, aucun succès. Ils passent leur chemin. Nous sommes transparents, invisibles. Ne cherchons plus ! Tout vient de nous (ou presque). Question de posture et d'ouverture. Humeur grise, visage maussade, regard « en dedans » : tout indique que nous ne voulons pas être dérangés. Le lendemain, changement de cap : il fait beau, tout va bien, on a le temps. Vive soi, vive les autres ! C'est contagieux.

GARDEZ LE MORAL

Prenez la posture de celui qui a le moral et vous l'aurez : redressez le buste, la tête, respirez, souriez et vous avez déjà plus d'allant pour aborder le monde. À l'inverse, affalez-vous sur un lit, regardez vos pieds. Fini, terminé, plus de ressort : votre dynamisme s'écroule à mesure que votre cou rentre dans vos épaules. Ne dit-on pas « avoir le moral dans les… chaussettes » ? L'esprit induit le corps et inversement. Les deux s'interpénètrent. Travaillez tantôt l'un, tantôt l'autre pour adopter l'attitude dynamique et positive qui ouvre la clé des autres.

L'attitude est contagieuse

L'attitude est contagieuse. Ils sont aimables, nous sommes aimables. Ils sont désagréables, nous le sommes aussi. Et voilà comment certaines journées deviennent heureuses ou calamiteuses. Tout commence par une copine, une vendeuse, un médecin mal lunés. Il ou elle déverse sa mauvaise humeur en espérant sans doute s'en débarrasser. Mauvais calcul ! Elle lui revient en boomerang. Car sa mauvaise humeur met de mauvaise humeur…

Un autre jour, c'est l'inverse. Cette guichetière, ce kiosquier nous accueillent avec un grand sourire, comme s'ils étaient très contents de nous voir. Comme si nous étions quelqu'un de particulier, d'important. Ils nous rendent la rencontre formidable et l'effet ne tarde pas à se faire sentir : nous aurons envie de revenir demain et les autres jours. Tout cela pour dire qu'il y va de notre intérêt. C'est contagieux vous dis-je ! Au besoin, prenons même les devants. Nous avons affaire à des gens maussades ? Faisons comme si de rien n'était : accueillons-les, sourions, ouvrons-nous et puisque c'est contagieux, ils ne tarderont pas à en faire autant.

Les yeux dans les yeux

Ne dit-on pas d'une personne qu'on « ne peut pas la voir » même en peinture et d'un être adoré qu'on le « dévore des yeux » ? Ces images parlantes indiquent que le contact visuel est la prise par laquelle passe le courant qui s'installe entre nous. Commençons par entrer en contact visuellement car tout passe par « ce miroir de l'âme ».

Prenez l'initiative de ce contact visuel sans lequel il n'y a pas d'échange possible. Tant que les regards ne sont pas connectés, rien n'arrive.

> **Le visage, les mots peuvent tricher. Pas le regard. Lui, montre clairement nos sentiments.**

Quand les enfants ont envie de fuir le contact, ils se cachent derrière leur maman ou tournent les talons. Pour nous les adultes, installés dans une vie sociale, s'enfuir est plus difficile. L'automobiliste arrêté pour excès de vitesse, l'invité qui s'ennuie dans une fête, le timide mal à l'aise… sont condamnés à rester là. Leur corps est ici, leur tête est ailleurs.

Un regard fuyant

Ce qui le prouve, c'est leur regard. Un regard fuyant indique leur désir d'en finir et de s'évader. Tout comme le fait de garder ses lunettes de soleil. Un malaise s'installe. Si vous le constatez chez votre interlocuteur, ne le jugez pas trop mal. En général, il s'agit plus de timidité que de fourberie.

Au lieu de céder à l'envie de partir vous aussi, cherchez à le mettre en confiance. Mettez-vous dans une disposition d'esprit encore plus accueillante. Et offrez-lui votre regard. Un regard ouvert et franc a toujours quelque chose de charmant et de désarmant. Essayez avec un policier tenté de vous verbaliser. Souriez-lui, regardez-le dans les yeux, dites-vous et comprenez qu'il fait seulement son travail. L'effet positif marche deux fois sur trois.

Il n'est pas nécessaire de maintenir le contact visuel tout le temps. Un regard trop pénétrant peut gêner. Regarder ailleurs pour chercher ses idées, se concentrer n'est pas interprété comme un refus.

SAVOIR REGARDER AILLEURS

Regardons bien dans les yeux quand nous nous présentons. Quand on nous dit quelque chose d'important. Quand nous posons une question. Quand nous voulons insister sur une idée. Les timides qui ont du mal à fixer peuvent s'entraîner en s'intéressant à la couleur des yeux de leur vis-à-vis, en commençant – si c'est encore trop difficile – par les animateurs de télévision par exemple ! Ils peuvent aussi fixer le front, les sourcils, les lèvres,

→

la racine des cheveux. C'est en général suffisant pour paraître franc et ouvert. Notre interlocuteur ne peut pas savoir que nous ne le regardons pas tout à fait dans les yeux. Il pourra croire à une coquetterie dans l'œil. Au final, ces efforts seront toujours interprétés comme une preuve d'attention et d'intérêt.

Souriez avec… les sourcils

Fondamental aussi, est le sourire. Quels que soient votre humeur, votre trac, souriez. Retenez bien cette idée, valable pour tous les contacts : même à la radio, une voix souriante s'entend. Ne vous estimez pas faux, hypocrite. Ne pensez pas non plus que l'on vous prendra pour un imbécile heureux. On peut dire que sourire est un truc, mais c'est aussi la moindre des politesses à l'égard de ceux que vous découvrez. Sourire signifie que vous êtes heureux de rencontrer cette personne, de passer un bon moment avec elle. Ainsi, souriez et l'on vous jugera seulement… souriant.

Pensez à sourire « juste » :
pour engager la conversation, faciliter l'échange, remercier, quand vous faites un compliment, quand vous en recevez un.

Mais il y a sourire et sourire. En fait, il en existe des quantités : sourire jovial certes mais aussi sarcastique, tendre, moqueur, aimable, commercial, hypocrite, timide, etc. Il y a même des sourires « tristes ».

Comme pour le regard, les yeux dans les yeux, il ne s'agit pas de sourire tout le temps mais seulement quand il le faut. Répondre par un sourire à une critique est très mal perçu. Et sourire face à une personne très en colère ? Reprenons l'exemple du policier en train de vous verbaliser pour excès de vitesse. Regardez-le dans les yeux, faites-lui un grand sourire et ne vous étonnez pas de… voir votre amende doubler.

Autour du monde

Mais avec quelle mimique ? Un chercheur allemand Irenaüs Eibl-Eibesfeldt a filmé et photographié à leur insu le sourire de bienvenue d'hommes et de femmes du monde entier. Sa conclusion est que partout, chez un Balinais, une Française, un Papou, un Esquimau, dans tous les milieux, quelles que soient les conditions de vie, les sourcils s'élèvent et s'abaissent (généralement avec un petit hochement de tête). Ils s'ouvrent et se défroncent toujours pour saluer amicalement quelqu'un. Il a même précisé que ce mouvement s'effectuait en un sixième de seconde environ.

POUR SOURIRE VRAIMENT

Vérifiez dans la glace : fendre la bouche et découvrir les dents ne suffit pas pour signifier l'ouverture et l'accueil. Si les yeux ne s'en mêlent pas, on n'y croit pas. C'est un faux sourire, un sourire de Tartuffe ! Le sourire « sans les yeux » peut même être interprété comme agressif… Pour offrir un vrai sourire, on peut se contenter d'un faible mouvement des lèvres (comme la Joconde, sans

→

montrer les dents) à condition que le mouvement des sourcils, lui, soit bien net. Ce seul haussement, s'il est bien accentué et accompagné d'un contact visuel, est couramment utilisé comme signe de connivence adressé de loin par exemple, à quelqu'un qu'on reconnaît. Pour sourire vraiment, il faut donc : tendre le menton vers votre interlocuteur, remonter la commissure des lèvres et surtout ouvrir le visage, les yeux, les sourcils. Avec un petit hochement de tête en plus – et dans des circonstances adaptées – c'est parfait !

Une gestuelle ouverte

Ce contact visuel, ce sourire, ces mimiques sont les premiers incontournables de la communication réussie. Mais les expressions du corps ont un impact sous-estimé. Petit détour avant d'en dire plus sur ce que l'on appelle le langage corporel. Aux extrêmes, il paraît ouvert ou fermé à la relation.

Un langage corporel fermé

Fermés sont les gestes qui visent à protéger le corps et le cœur. Les vêtements semblent une protection : ils servent à se cacher. De même pour les cheveux qui masquent une partie du visage, pour les bras croisés devant soi, la tête enfoncée dans les épaules, les mouvements raides, tendus, crispés, le corps qui se détourne de la personne qui est en face de soi…

Toutes ces attitudes physiques indiquent que nous sommes anxieux, nerveux, sur la défensive. Elles sont interprétées comme un « non » à la relation. Un « non » qui évidemment n'attire pas la sympathie. Nous avons beau dire que nous sommes très contents d'être là, ravis de vous connaître, les mots disent une chose mais le corps en dit une autre. Et, à tort peut-être, nos interlocuteurs penseront que, lui, ne ment pas !

Un langage corporel ouvert

Un langage corporel ouvert montre un buste dégagé ; les épaules sont bien droites et surtout, le cœur s'offre au regard. Évitez les vestes croisées, les écharpes, les superpositions de vêtements qui le cachent. Dégagez-le, ouvrez les gilets, redressez le dos pour offrir la poitrine : ce sera interprété comme un signe de confiance.

Dans ce flash de la première impression, on se sent tout de suite plus à l'aise avec quelqu'un qui se montre. Qui rend son corps lisible par des vêtements soulignant la silhouette, principalement le buste. Ils rendent la « lecture » plus facile. L'autre nous devient plus vite familier car son âge, sa corpulence, son style de personnalité, ses manières sautent aux yeux. Les défauts physiques importent peu. Ce qui compte, c'est l'évidence. Cette personne, doit-on se dire sur tous les plans, n'a rien à cacher : elle est bien dans son corps, sa peau et donc sa tête.

FAITES COMME... LE PRÊTRE

Nous pensons avoir affaire à une personne ouverte, confiante, sincère et sympathique quand elle semble nous ouvrir son cœur. Cette expression est à prendre au pied de la lettre. Nous serons perçus comme beaucoup

→

plus proches avec un vêtement qui donne le cœur à voir, avec une veste ouverte l'offrant symboliquement. De même pour les gestes : ils paraissent ouverts et optimistes quand ils s'élèvent, plutôt lentement, quand ils semblent exprimer une idée qui pourrait être : *« Viens dans mes bras. »* Voyez le prêtre quand il prêche, mains ouvertes, bras ouverts. Tout dans cette posture indique l'accueil, la confiance, l'apaisement. Elle semble dire : *« Je vous comprends, je suis avec vous, nous sommes en paix. »*

Que nous soyons bien de face est ressenti comme une marque de franchise et de confiance. Cette ouverture se fait naturellement quand nous sommes en empathie. Alors, nous nous rapprochons. Nous nous donnons, physiquement aussi. Mais pourquoi attendre passivement que le corps suive ? Il est tout à fait possible, de travailler activement son langage corporel, de le mettre en condition pour qu'il devienne aussi positif que nos intentions.

Car on peut modifier le cours d'une relation qui se passe mal en prenant conscience de ses attitudes corporelles fermées et en redressant la barre.

L'anecdote suivante continue de m'étonner : je suis chez une amie qui fête son anniversaire en très petit comité (nous sommes trois). Elle me présente l'autre invité, un homme, qui au premier abord me paraît sympathique. Mais à peine sommes-nous assis, qu'il me fait passer un contrôle de connaissances. Je le trouve soudain prétentieux, agressif…

Et sans m'en apercevoir tout de suite, je commence à me fermer, à ne plus vouloir lui répondre, à l'éviter du regard. Plus il me parle, plus je me détourne physiquement de lui. Finalement, je réalise que je lui tourne pratiquement le dos afin de ne m'adresser qu'à mon amie. Je décide alors que cet homme est forcément sympathique, puisqu'il est là : n'est-il pas l'ami de mon amie ? Ne m'a-t-il pas fait tout à l'heure une bonne impression ?

Dégagez le buste, montrez-le.
Faites face à votre interlocuteur,
avancez vers lui, ouvrez et tendez les bras...

Encore faut-il que je lui fasse comprendre physiquement les bonnes dispositions (subites) dans lesquelles je me trouve. Je décide d'appliquer à la lettre les idées développées ici, en adoptant un langage corporel ouvert : je me retourne pour bien lui faire face. Je me redresse. Je me penche en avant pour mieux l'entendre. J'approuve ce qu'il dit. Je l'encourage à continuer par mes mimiques. Je lui souris en m'efforçant vraiment d'écouter ce qu'il dit (au lieu de me laisser envahir par les jugements négatifs que je suis en train d'échafauder).

Et, petit miracle, ce revirement a sur nous deux un effet quasi magique. En quelques secondes, il redevient l'homme charmant de la première impression. Je semble à nouveau si positive à son égard qu'il n'a plus besoin de chercher à me rabaisser ou à m'impressionner. Tout cela pour constater que, oui, nous sommes en partie responsables de nos antipathies. Belle leçon, nous avons passé une soirée fluide et chaleureuse dont nous gardons tous un souvenir très heureux.

> **Soyez simple et confiant**
>
> Soyez attentif à vos postures. Elles traduisent votre état d'esprit et vous permettent d'en changer dès que vous devenez hostile ou négatif. Jouez alors sur vos pensées et sur votre corps. Au lieu de vous recroqueviller, laissez-vous aller. Vos gestes sont-ils ouverts, souples, plutôt lents ? Donnez-leur cette rondeur qui inspire la sympathie et qui la crée. Redevenez simple et confiant. Parlez de choses concrètes, faciles, vécues. Et faites vivre vos mains. Leur animation montre que vous êtes intéressé par la conversation, que vous participez, que vous êtes bel et bien là et qu'ensemble, nous partageons le même espace, respirons le même air.

Pour l'obtenir, une fois encore on peut commencer par agir sur son corps ou sur ses pensées, l'un entraînant les autres, et réciproquement. Si vous décidez d'être détendu et spontané, vos mains, votre corps s'animeront d'eux-mêmes. Timidement d'abord, puis semblant entrer dans la danse, ils viendront soutenir, ponctuer, approuver.

Mais on peut procéder à l'inverse, réaliser que ses mains sont toutes raides, immobiles, comprendre à ce détail qu'on ne se sent pas assez en confiance et décider de lâcher du lest. Néanmoins, dans les premières minutes de la rencontre, il convient d'avoir des gestes assez réservés. L'interlocuteur n'a pas eu le temps d'être séduit. Il est encore dans une phase d'observation et d'évaluation. Restons dans le cadre des règles de politesse. Les gestes excessifs – qu'ils soient agressifs ou familiers – sont proscrits.

Si vous voulez être embauché...

Évitez d'allumer votre cigarette avec l'allume-cigare de l'employeur. Et d'ailleurs, ne fumez pas pour ne pas envahir (et polluer) son air. Sauf s'il vous le propose. Mais retenons qu'on ne peut pas toucher, palper, emprunter les objets d'autrui à moins de bien le connaître. De même, au cours de ces premières minutes, les menus gestes entre soi et soi (se frotter les mains, se passer la main dans la nuque ou les cheveux) sont déconseillés. Sans doute sont-ils trop intimes, trop personnels. La gestuelle des premiers moments est faite de réserve, de vigilance et d'ouverture respectueuse.

En général, on maîtrise bien les expressions du visage. On surveille son regard (direct), on affiche son plus beau sourire. Détendre la bouche est déjà moins facile mais on y parvient, on remonte les commissures. Attention aux bras croisés qui signent une gêne mais voilà, on les ouvre comme les grands politiques. Éventuellement, les mains volètent mais voyons… les jambes (croisées, crispées) et les pieds ?

Eux ne mentent plus du tout. Ils sont l'un sur l'autre, fermés, en dedans. Le visage sourit mais les pieds s'impatientent, protestent, déguerpissent. Quelle importance, me direz-vous ? Une grande importance car une partie de notre corps semple dire « oui », tandis qu'une autre affirme « non ».

Oui avec la tête, non avec les jambes

Les figures égyptiennes avec leur buste de face et leurs pieds de profil, nous laissent une impression étrange,

→

presque désagréable. Nous produisons le même genre d'effet quand notre attitude corporelle est incohérente. Le haut du corps délivre un message de bien-être, de sympathie… et le bas du corps (jambes croisées, genoux serrés, pieds en dedans…) dit tout le contraire. Il est fermé, crispé, nerveux, timoré. Cette contradiction saute aux yeux et nous révèle plus que nous le voudrions parfois…

J'avais été invitée à faire une conférence devant quatre cents personnes et j'étais morte de trac. Je n'avais pas l'habitude de parler devant un si grand auditoire. Le sujet était délicat. Je ne connaissais personne. Mon temps de parole était d'une heure, une éternité. Mais pas question de reculer, ni d'échouer. Bien décidée à « bétonner » mon intervention, j'avais tout prévu : le fond et la forme, c'est-à-dire appris mon texte par cœur pour parler sans notes et pouvoir me concentrer sur les idées plus que sur ma lecture, travaillé mon look, mes postures ouvertes, détendues, engagées. Ainsi que mes regards, balayant l'assistance jusqu'au fond de la salle, ma voix calme, posée, ne craignant pas les silences.

Les pieds ne mentent pas

L'attention du public et les applaudissements m'ayant donné l'illusion d'un parcours sans faute, n'ayant pas bafouillé, pas cherché mes mots, pas eu de suées, ni de trou de mémoire, je croyais avoir impressionné par mon sang-froid, mon « professionnalisme ». Personne n'avait vu, pensais-je, mon anxiété d'apprentie. Erreur ! Alors que je m'en allais, une dame vint vers moi pour me féliciter. J'avouai alors mon trac initial.

– Oh oui, me dit-elle, ça s'est vu !

– Comment ça, ça s'est vu ?

– Vos pieds !

– Quoi mes pieds ?

– Sur l'estrade, vous étiez assise devant la table mais vous n'arrêtiez pas de donner des coups de pied dans le tissu tendu autour. Vous deviez être drôlement mal à l'aise ; j'en étais malade pour vous !

À mon insu, cette partie de boxe pédestre m'avait trahie. Tout en moi (enfin, je crois) avait exprimé l'aisance, le calme, la maîtrise sauf… mes pieds et c'était eux que cette dame avait cru. Le plus énervant était que je m'étais sentie beaucoup plus calme que prévu. Le trac avait presque disparu dès que j'avais commencé à parler mais il restait ce tic hérité des femmes de ma famille qui, de mère en fille, « bougent des pieds ».

Observez vos parents !

Peut-être avez-vous repris, sans le savoir, des gestes, des mimiques qui reflètent mal votre propre personnalité ? Certaines personnes se sentent souvent incomprises dans leurs relations avec les autres : on les prend pour… ce qu'elles ne sont pas. On leur reproche d'être hautaines par exemple, alors qu'elles n'ont pas l'impression de prendre les gens de haut. Pourtant, on les trouve froides ou nerveuses ou encore « hystériques », quand elles se vivent comme étant proches, chaleureuses, paisibles. Cette erreur d'interprétation vient d'une inadéquation entre leur langage corporel et leur état d'esprit. Les deux ne coïncident pas.

TEL PÈRE, TEL FILS ?

Petit retour en arrière : comment étaient vos parents ? Avaient-ils ce regard hautain, cette froideur, ces gestes trop vifs qu'on vous reproche ? Sans le savoir, nous reproduisons parfois ces attitudes héritées de l'enfance. Nous les imitons même lorsqu'elles ne correspondent pas à notre propre personnalité. Si elles nous desservent et pour dissiper les malentendus, il suffit d'en prendre conscience et de faire dire à notre corps et nos mimiques ce que nous éprouvons vraiment.

La règle des trois V

Nous l'avons compris, la cohérence est fondamentale. D'où vient la force des grands acteurs, des grands politiques ? Nous savons bien qu'ils jouent un rôle, qu'ils récitent un texte, un discours écrits par d'autres. Pourtant, ils sont crédibles, convaincants. Parce qu'ils s'investissent corps et âme. Pour nous faire croire à leur personnage, ils harmonisent les expressions du visage, du corps et les intonations de leur voix. Tout en eux délivre le même message.

Ils ont compris la règle des trois V faisant s'accorder :

- le **V**isuel (corps et expressions du visage),
- le **V**erbal (ce qui se dit),
- le **V**ocal (les intonations de la voix).

Vous n'êtes pas encore convaincu ? Eh bien, placez-vous devant un miroir. Prenez l'air mauvais, sourcils froncés, bras croisés, tête rentrée dans les épaules et prenez une voix mielleuse (sans changer d'expression) pour susurrer : *« Je t'aime vraiment beaucoup tu sais. »*

Vous voyez bien que vous n'êtes pas crédible, même si ce que vous dites est parfaitement sincère. Seule la cohérence des trois V donne de la crédibilité à nos intentions.

Harmonisez les 3 logiques

Pensez à la cohérence des trois V quand vous communiquez. Aucun des trois aspects visuel, vocal, verbal ne doit être à la traîne, en inadéquation avec le reste.

- **Vous voulez témoigner de la douceur ?** Ralentissez vos gestes, touchez le bras de votre interlocuteur, mettez de l'eau dans le vin de vos mots, veloutez votre voix.
- **Vous voulez montrer votre dynamisme ?** Bougez plus, redressez-vous ! Faites des phrases plus courtes, prenez une voix plus tonique !
- **Vous souhaitez paraître intéressé ?** Ne restez pas impassible. Soyez plus expressif : souriez, opinez, rendez votre regard et vos gestes plus mobiles, accélérez le débit, mettez de la vie dans votre voix, glissez des onomatopées dans vos phrases, etc.

Travailler sa voix

Notre voix nous est donnée en héritage mais elle « se travaille ». Des techniques très au point permettent de l'enrichir, la moduler, la lisser, la placer… Il est possible désormais de la rééduquer, de renforcer ses cordes vocales, de compenser un bégaiement et d'apprendre à « gérer » sa voix comme on apprend à se tenir droit.

« On se touche par la voix », affirment les psys, surtout dans nos sociétés occidentales où le contact physique est en perte de vitesse. La voix est devenue tellement importante dans les relations humaines que les DRH (directeurs des ressources humaines) des entreprises, conseillent à leurs cadres, depuis quatre ou cinq ans, de consulter si nécessaire un phoniatre.

Petits exercices de diction

Vous mangez les mots, vous avalez les syllabes, vous balbutiez... bref, vous aimeriez améliorer votre diction. Pour cela :

- **Entraînez-vous** à parler en tenant un crayon serré entre vos dents.
- **Lisez** un texte ou le journal à haute voix en soignant votre prononciation. Faites porter votre voix, appliquez-vous sur les liaisons.
- **Parlez** devant un miroir et ar-ti-cu-lez exagérément en prononçant la totalité des mots, en accentuant les syllabes incertaines, en insistant sur les finales ou sur les « a », ou sur les « e », ou sur les « ou » selon ses défauts, pour qu'ils soient bien audibles et sonores.

Bien utilisée, elle devient un atout majeur. En effet, ses intonations entrent pour le tiers dans nos relations avec les autres.

Il ne s'agit pas d'avoir une belle voix mais de la rendre douce, vivante et chaude car elle exprime l'intimité, la fragilité. Ceux qui n'aiment pas leur voix ont l'impression qu'elle les trahit. En général, ils ne s'apprécient guère. La voix est le miroir de notre personnalité. Atone, elle manque de ressort… Un débit trop rapide signe une anxiété. Une voix trop forte exprime un désir de domination, trop douce une attitude de soumission. Cherchons l'équilibre, c'est-à-dire la cohérence entre la voix et le discours, avec une articulation nette et un rythme adapté.

TROUVEZ VOTRE MÉDIUM

Ni trop haute, ni trop grave, c'est ainsi que votre voix sera la plus agréable et qu'elle portera le mieux. Pour bien la poser il faut trouver son médium, c'est-à-dire la note moyenne autour de laquelle organiser la parole.

• **Repérer d'abord votre « masque »** composé de la partie basse du visage.

• **Tracez une ligne** partant sous les yeux, englobant le nez et faisant le tour du bas du visage, en passant sous le menton. Ceci repéré prenez votre voix la plus habituelle.

• **Faites-la résonner** dans le masque en prononçant des « meum ! meum ! meum ! » à la manière des moines tibétains.

• **Montez et descendez** votre voix afin de voir sur quelle tonalité elle vibre le plus fort et dans le masque tout entier.

Ainsi trouve-t-on son timbre naturel et particulier. Il se situe dans la moyenne de nos capacités vocales, entre les graves et les aigus. Une fois qu'elle est trouvée, on revient spontanément à cette ligne de référence. Posez bien votre voix et elle le restera.

AVOIR UN SOURIRE DE... RADIO

Au téléphone, comment paraître vibrant, présent, dynamique ? Comment faire passer dans vos intonations, votre envie de communiquer et votre implication ? En allant visiter votre station de radio préférée, vous trouverez la réponse car tous les animateurs sourient à leur micro. Faites comme eux, souriez largement, exagérément quand vous répondez au téléphone, quand vous enregistrez un message sur votre répondeur. C'est magique ! Même un sourire dit « de commande » égaie la voix, la rend plus chaude, plus dynamique. Est-ce la forme que prend la bouche ? À moins que le fait de sourire ait un retentissement immédiat sur l'humeur de celui qui parle et donc, de celui qui écoute.

Trouver la bonne distance

Cette question de la distance à observer face à son interlocuteur est très importante car elle conditionne les bonnes ou les mauvaises relations. Trop à distance, nous sommes perçus comme froids et inquiétants puisque nos expressions de visage sont moins distinctes. Mais trop proches, nous pouvons devenir gênants. Que quelqu'un que nous connaissons à peine vienne nous souffler son haleine dans la figure et nous voilà dans d'assez mauvaises dispositions.

Trop envahissante...

Je travaillais avec une jeune journaliste qui était intrusive, dans tous les sens du terme. Le matin, elle me demandait si j'avais passé une bonne nuit, non pas au sens poli mais sexuel du terme. Ensuite, elle s'avançait vers mon bureau et n'hésitait pas à consulter MON *agenda. Elle lisait mes e-mails par-dessus mon épaule. Elle me parlait sous le nez et très fort : tout le monde en profitait. De même avec les autres. Personne ne pouvait la supporter. Elle était trop familière, trop indiscrète, trop envahissante. Finalement, nous l'avons reléguée à l'autre bout de « l'open space ». Face à cette jumelle, qui était habituée à vivre chez l'autre comme chez elle, il n'y avait qu'une solution : l'exil, la mise à distance maximum.*

Trouvons la distance à laquelle nous nous sentons bien. Mais observons aussi les réactions de nos partenaires. Lorsqu'ils reculent, soyons plus proches par le sourire, le soutien. On peut aussi baisser la voix. Ils auront tendance à approcher pour nous comprendre mieux. Ils s'approchent trop ? Veillons à ne pas reculer trop brutalement, ils l'interpréteraient comme un rejet. Mettons un peu de distance autrement : en croisant les bras, en regardant ailleurs un peu plus fréquemment, en haussant la voix, etc.

Observer la distance permet aussi de vérifier la cohérence entre ce qui est dit et ce qui est intérieurement vécu. Une phrase comme « je me sens très proche de toi » dite en reculant de trois pas est significative. Peut-être est-ce le moment de mettre en confiance, d'avancer un peu, de mettre la main sur le bras.

Se rapprocher physiquement,
c'est se rapprocher tout court.

J'avais une autre collègue que je trouvais objectivement sympathique et subjectivement un peu agaçante car elle parlait fort et s'arrangeait pour monopoliser la conversation, mais d'une manière sympathique.

Bref, je voulais régler cette ambivalence (cette oscillation entre des sentiments positifs et négatifs) qui finissait par me préoccuper. Un jour, nous étions à la cantine. J'étais dans une phase plutôt négative à son égard mais bien décidée à agir. Pour lui parler, j'ai approché ma chaise (placé mon corps bien en face d'elle, avec un sourire, le visage ouvert) et j'ai mis ma main sur son avant-bras.

Quel verrou ai-je fait sauter ? Je n'en sais rien. Peut-être m'a-t-elle vue autrement. Peut-être me suis-je convaincue moi-même que cette collègue m'était bénéfique. Toujours est-il que mon ambivalence est tombée d'un coup (la sienne aussi sans doute). Nous n'avons plus cessé d'être amies. Une idée, un geste, et la glace avait été rompue.

LA PENSÉE POSITIVE

Si vous sentez que votre interlocuteur n'est pas très présent, qu'il ne fait pas très attention à vous, qu'il n'a guère envie d'entrer en contact, essayez cette méthode : orientez vos pensées à son égard dans un sens positif, approchez-vous, touchez-lui le bras (si vous vous situez dans un contexte amical). Ce sera une façon habile d'attirer son attention et… sa sympathie.

Dans quelle zone se situer ?

Devant un chef, la crémière, son copain, on se situe à une zone d'intimité variable qui change aussi selon les situations et les latitudes. Se rapprocher ou reculer s'avère très utile pour bien gérer la relation.

- **La zone sociale : distance et respect**

L'interlocuteur est situé à plus ou moins deux mètres de soi (entre un mètre vingt et trois mètres). Cette distance est installée avec un employé administratif, un client, un patron. Généralement un bureau nous sépare mais on peut se serrer la main.

Si vous devez établir un lien plus personnel avec cette personne, montrez votre désir de rapprochement ou de collaboration, en passant de cette distance sociale à une distance plus amicale. Rapprochez-vous pour montrer un dossier ou allez vous asseoir à côté d'elle (ou de lui) pour lui parler plus intimement. D'ailleurs, remarquez que le ton de la voix et le contenu de la conversation en seront changés.

- **La zone personnelle : un bras tendu**

L'ami, le collègue qu'on aime bien sont situés à la distance d'un bras tendu, c'est-à-dire de soixante centimètres à un mètre vingt. C'est une zone intime indiquant à chacun qu'il n'a rien à craindre de nous et réciproquement. Cette zone est appelée « le péri-espace ». Laisser entrer quelqu'un dans cette zone, signifie qu'on accepte d'être touché. Si ce n'est pas le cas, reprenez vite vos distances.

- **La zone intime : celle des bisous**

Longue d'un avant-bras, elle s'étend du toucher à cinquante centimètres. Elle permet d'enlacer. Elle est donc réservée en principe à des personnes très familières pour lesquelles on éprouve des sentiments d'amour ou d'amitié très proche. Les gens du Sud l'occupent plus fréquemment que les gens du Nord. Avant de vous y installer, observez les distances culturelles car on sera physiquement plus proche au Maroc qu'au Japon.

Un étranger pénétrant dans cette zone nous mettra très mal à l'aise. Ce sera perçu comme une intrusion, comme une agression (souvenez-vous de ma collègue jumelle). D'ailleurs les gens très en colère peuvent venir vous hurler leurs griefs à quelques centimètres du visage. Les bandes dessinées grouillent de colériques s'affrontant nez à nez.

Salut et poignée de mains

Dans un premier temps, la poignée de mains résout cette question de la distance. L'impression physique qui s'en dégage marque la relation puisqu'elle laisse une marque corporelle de soi sur l'autre, et réciproquement. Broyez la main de votre interlocuteur ou faites l'anguille entre ses doigts, il s'en souviendra. Évitons de tendre une main en guimauve sortie du tunnel de sa manche ou de paraître actionner un bras articulé. Le mouvement doit avoir quelque chose de fluide et de naturel.

Montrez patte blanche

Entraînez-vous devant la glace ! Essayez toute une gamme de vitesses et de pressions, allant du geste indifférent et conventionnel à la chaleur excessive : les deux mains s'accrochant au bras de l'interlocuteur. Choisissez le registre qui vous convient en sachant que, légère

→

comme une aile de moineau ou chaudement appuyée, la poignée de main remplit toujours la même fonction : faire comprendre à son partenaire qu'on l'aborde dans un esprit amical et pacifique. C'est une manière de lui montrer patte blanche, c'est-à-dire une main nue, sans arme et pas trop molle...

Quel souvenir !

C'était une grande éditrice parisienne, retranchée dans un minuscule bureau sombre, derrière lequel elle semblait tapie comme une bête. Je ne pouvais distinguer ni ses traits, ni son regard. Elle se devinait plus qu'on ne la voyait. Très embarrassée, je me suis avancée pour lui tendre la main. Une forme a bougé. Elle a extrait de sous son bureau un membre lent et mou, au bout duquel pendaient des doigts comme des « limaces tièdes », concédés de la main… gauche ! J'ai saisi, et aussitôt lâché, cette main moite et molle proposée à reculons. Cinq minutes plus tard, l'entretien était terminé. De lui, j'ai tout oublié sauf le contact physique. Tout m'a paru désagréable : la forme, la femme et… les limaces. Peut-être à tort mais un mauvais contact physique crée une antipathie difficilement surmontable.

Une bonne poignée de main est franche, assez ferme, respectueuse. Le bras est tendu, la paume ouverte, le geste avance.

La poignée de mains est une offrande qui varie selon les cultures. Chez les Touaregs par exemple, se serrer la main fermement est considéré comme vulgaire et grossier. Les doigts des hommes bleus ne font qu'effleurer la paume. Selon les pays, on se frôle, on s'empoigne. Selon les milieux, les circonstances, on se salue de loin ou l'on s'enlace.

De près ou de loin

L'une des difficultés aujourd'hui vient de cette variété introduite dans les gestes d'accueil : ici on s'embrasse dès la première fois, une bise, deux, trois ? Là, on se tend la main (droite toujours) ou on empoigne l'avant-bras avec les deux mains pour mieux féliciter ou compatir. À moins qu'on se dise bonjour de loin. Quoi qu'il en soit, même si vous saluez de loin, gardez le même état d'esprit : soyez dans la relation, souriant, ouvert, ravi de connaître. On ne le répétera jamais assez !

Observez les coutumes du milieu dans lequel vous arrivez. Dans la pub ou le show-biz, se serrer la main pourra passer pour « ringard ». Dans le milieu de la banque, il est plutôt déconseillé de se sauter au cou. Et dans cette réunion amicale, faut-il serrer la main : n'est-ce pas un peu solennel ? Mais la bise n'est-elle pas trop familière ? Souvent, il convient de serrer la main en arrivant et d'embrasser en repartant. Si vous êtes dans le doute, efforcez-vous d'avoir un contact physique. Le contact peau à peau laisse une empreinte. On se sent plus proche de ceux qu'on a touchés. Voyez la différence que font les fans entre voir leur idole et l'approcher, la toucher pour de bon : quelle émotion !

4

Engager la conversation

DANS CETTE PHASE du premier contact, on se sent parfois mal à l'aise, ce qui est tout à fait normal. L'autre est encore un étranger. De ce fait, il est un peu menaçant. Tous nos préjugés entrent en action. Secrètement, nous sommes plutôt hostiles. Acceptons-le pour le dépasser ! Et prenons les devants, osons aller vers les autres, nous présenter les premiers. Ainsi, nous donnerons le ton de l'échange : calme, convivial, ouvert…

La politesse et la gentillesse sont les deux sésames imparables de ce « round d'observation ». Elles rassurent tout le monde : nous qui nous appuyons sur les règles de la vie en société et notre interlocuteur dont l'hostilité (elle joue dans les deux sens) est neutralisée. Ouf ! chacun peut se détendre.

Et ensuite, après avoir dit bonjour ? Tant mieux pour les timides, il ne s'agit surtout pas de faire de grands discours. Certes, on admire les « grandes gueules », mais les apprécie-t-on ? Si vous voulez paraître sympathique, amenez l'autre à parler de lui (son sujet préféré) et ne prenez pas toute la place dans la conversation. Sachez au contraire, approuver, opiner, être d'accord mais intelligemment, c'est-à-dire en pratiquant l'art de la banalité (pour ne pas heurter) et l'art de la question dite « ouverte » qui appelle une réponse un peu développée.

L'ouverture, un état d'esprit

« De l'ouverture, encore de l'ouverture, toujours de l'ouverture. » Si l'on transposait la célèbre formule de Danton, voilà ce qu'on écrirait. Car l'ouverture est la clef de tout. *« Mais je suis ouverte !* m'a dit Elisabeth, la solitaire. *Ce sont les autres qui sont fermés ! »*

Et voilà comment les timides entretiennent l'engrenage : croyant que les autres sont fermés, ils se ferment. Mais comme ils se ferment, on les évite. Comment casser ce cercle vicieux qui rend malheureux et socialement inapte ? En dépassant ses préjugés car nous en avons tous : sur les autres, sur nous-mêmes, sur la relation que nous sommes capables ou pas de mettre en place avec elle, avec lui.

Nous avons tous des préjugés

Même Delphine, la championne de la communication, a des barrages. Allez savoir pourquoi (elle-même n'en sait rien), elle ne supporte pas les Bruno. Un garçon qui porte ce prénom ne peut pas l'intéresser, c'est un principe. Tout comme un amateur de foot ou un homme qui porte des chaussettes blanches avec un costume. Pour d'autres, ce sera l'archétype de la bourgeoise habillée en bleu marine avec un collier de perles ou un crâne rasé ou un jeune ou un vieux ou une intello à lunettes ou un gros.

Évidemment, ce sont des projections. C'est-à-dire que ces gens et leurs caractéristiques (favorables ou détestables) nous rappellent d'autres gens à partir desquels nous avons échafaudé de grandes théories :

– *Les femmes à collier de perles sont des bourgeoises : elles mettent leurs enfants à l'école privée et votent à droite.*

– *Les gros ne pensent qu'à manger, ils sont mous.*

– *Il est plombier, il est inculte,* etc.

En fait, nous ne connaissons d'eux que leur apparence. Néanmoins, nous imaginons qu'ils sont comme ceci ou comme cela et surtout qu'ils se résument à cela. Parce que, autrefois, nous avons connu un gros mou ou parce que nous nous laissons imprégner par les stéréotypes que véhiculent la télé, la société, notre milieu…

3 CLÉS POUR S'OUVRIR

1. Reconnaître que nous avons un jugement a priori négatif sur certaines personnes, un jugement antérieur à eux. Ils n'y sont pour rien.
2. Les aborder lavés de ces idées toutes faites.
3. Retourner le jugement en question ouverte. Au lieu d'approcher ce garçon en se disant : « Ce n'est sûrement pas un intello puisqu'il aime le foot », pensons plutôt : « Et à part le foot, qu'est-ce qu'il aime ? »

Pour en arriver là, sans doute faut-il accepter d'être traversé par des idées très contradictoires sur les gens que nous rencontrons. Nos pensées ne font aucun mal. Seuls nos actes sont critiquables. Or l'inconnu inquiète. Nous nous en défendons, avant même d'en savoir plus, par prudence, par réflexe. Acceptons-le mais dépassons-le ! Comme on chasse une poussière dans l'œil. Autrement dit, il faut s'ouvrir à soi-même, à ses pires pensées, à ses pires inquiétudes pour les raisonner.

Cette idée me rappelle les mamans qui n'en peuvent plus de leur bébé braillard. Une fraction de seconde, elles s'imaginent le jetant par la fenêtre. Et puis elles se reprennent, s'approchent les bras tendus et le cœur plein d'amour, comme si cette mauvaise pensée – dont elles ont pris conscience – les rendait encore plus tendres et disponibles.

Lors du premier contact, c'est un peu la même chose. Si on ne s'autorise pas à penser (aussi) du mal, on tourne le dos et les talons devant des gens qui nous déplaisent… pour rien. En revanche, si l'on ose se dire qu'ils ont l'air ceci ou cela (tout en sachant que c'est une idée et non une réalité), nous sommes plus soucieux de les connaître vraiment, comme pour se faire pardonner d'avoir trop vite jugé ces innocents.

D'une manière générale, prendre conscience de soi donne cette « présence » qui fait la force. Prendre conscience de quoi ? De ses pensées positives, négatives. Prendre aussi conscience de son corps, de sa respiration, de ses hésitations, de son trac, de son agacement, de manière à mettre en œuvre des tactiques d'apaisement par le rire, par exemple.

Soyez présents à vous-mêmes

Être à l'écoute de soi aide à ne plus subir et à agir pour calmer ses peurs, une colère qui monte, qui monte, pour se rapprocher, s'éloigner, changer de sujet de conversation (si celui-ci nous paraît glissant). Il faut s'accepter afin de devenir acteur d'une rencontre et de l'orienter dans le sens qui nous convient. Sinon, nous ressemblons dans le contact à l'aveugle qui traverse la rue en tapotant le sol de sa canne blanche, sans rien voir, sans rien savoir vraiment.

Osons aussi nous dire que là, le courant ne passe pas. Que telle personne se ferme, s'ouvre, se replie, paraît agacée, agressive… sans la juger, ni nous juger. Mais seulement – une fois encore – pour mettre en œuvre les tactiques qui vont détendre l'atmosphère : ainsi on se montrera encore plus ouvert, encore plus accueillant. À moins qu'il ne faille offrir un verre, glisser un compliment, faire une plaisanterie, dire quelque chose de soi : « Oh la la ! j'avais une peur bleue en arrivant ici », pour que notre partenaire nous connaisse mieux et se détende à son tour.

Une question d'habitude

Oui, une relation réussie passe par l'ouverture : l'ouverture à l'autre, à soi-même, à ce qui est en train de se jouer. D'avoir à penser à tout ça, vous êtes fatigué d'avance ? Rassurez-vous, c'est comme d'apprendre à conduire : au début, on se dit qu'on ne pourra jamais changer de vitesse ET tourner le volant tout en regardant dans le

→

rétroviseur. Et vous voilà un conducteur émérite, sûr de ses automatismes. Bientôt vous conduirez aussi bien la communication que votre automobile !

Prenez les devants !

Et maintenant, prenez l'initiative du salut. Allez vers les autres ! Soyez le premier à tendre la main en disant comme le font si bien les Américains : *« Bonjour [ou salut] ! Je m'appelle Arthur [Maxence ou Marguerite] Must. »* Prenez une voix posée (quitte à vous entraîner un peu pour ces présentations). Et surtout ne restez pas planté comme un piquet quand on oublie de vous présenter en ruminant : *« Je devrais me présenter. Il aurait dû me présenter. Maintenant c'est trop tard, tout le monde est gêné ! J'ai l'air d'une idiote »*, etc. N'attendez pas que les autres soient distraits ou ignorants des usages. Combien de premiers contacts sont mal partis, faute d'avoir osé dire : *« Bonjour, je m'appelle… »*

SACHEZ VOUS PRÉSENTER

Prenez l'initiative de saluer et de dire votre nom. Mais étoffez ces présentations d'un petit plus. Ajoutez une information qui vous positionne : *« Je m'appelle Patricia, je suis une copine de Victorine. »* Car plus vous en direz, plus il vous sera répondu. Si vous dites simplement : *« Je m'appelle Paul. »* On vous répondra : *« Je m'appelle*

→

Armand. » En revanche, si vous précisez : « *Je viens ici pour la première fois* », on renchérira sans doute : « *Moi, c'est la seconde fois.* » Si vous dites devant la machine à café : « *Je travaille dans le service des relations humaines depuis dix ans* », il est vraisemblable qu'on vous rendra l'information : « *Moi, je suis deux étages plus haut, à la comptabilité depuis six mois.* » Ou encore : « *J'habite dans le quartier* » sera immédiatement suivi de : « *Moi aussi* » ou « *Moi pas mais je viens voir ma grand-mère* ».

Autre raison pour laquelle saluer en premier : vous allez couper court, si vous en avez, aux ruminations de timides (souvenez-vous que la timidité diminue dans l'action). Et donner le ton de la relation : joviale, ouverte, réservée… Vous allez installer votre partenaire dans l'humeur et le registre qui vous conviennent.

Ne craignez pas de donner des renseignements sur vous-même car c'est ainsi que vous en obtiendrez. Mais sans étaler vos performances, votre richesse, votre « pedigree ». N'annoncez pas, comme les Allemands, votre titre d'ingénieur, de médecin (souvenez-vous de Christian Clavier dans *Les Bronzés : « Je suis médecin mais ne le dites à personne »*). Ne faites pas comme cette jeune femme qui se présentait : « *Heu, heu* [incompréhensible], *je suis journaliaupoint.* » On pensait qu'elle s'appelait quelque chose du genre Julie Aupoint mais non, elle annonçait en fait sa carte de visite : journaliste au magazine *Le Point !* Ce qui était plutôt maladroit dans une réunion amicale : voulait-elle en jeter plein la vue ?

**Dites pourquoi
ou comment vous êtes ici.**

Dans ce bonjour, il est seulement question de dire des choses de soi, pour qu'en retour, on vous livre des renseignements un peu personnels qui alimenteront la suite de la conversation. Bref, dites pourquoi ou comment vous êtes ici. Et surtout retenez bien le prénom voire le nom de celui qui, à son tour, se présente à vous.

Retenez bien les prénoms

Bien des gens ont du mal à retenir les noms et les prénoms. Je connais un Gérard qui se trompe systématiquement. Dans sa bouche Patricia devient Pénélope, Cathy devient Françoise et vice versa. À sa décharge, il a de qui tenir puisque sa grand-mère l'appelait... Gaston. Le tort serait de penser qu'il s'agit d'un trait de personnalité incontournable (on est « comme ça ») et que la seule solution consiste à éviter d'appeler nominalement les gens, car il existe une méthode efficace pour mémoriser les noms et les prénoms.

• **Mettez-vous en projet de les réutiliser.** Imaginez-vous en train d'appeler cette personne dans une autre circonstance et représentez-vous visuellement cette scène. Ou bien :

• **Procédez par association d'idées** : cette femme s'appelle comme ma cousine, comme telle actrice, comme l'héroïne de ce roman. Si on ne retient pas non plus les prénoms de ces personnages, alors on s'appuiera

→

sur des objets, des circonstances en se souvenant par exemple que Apollonia – ce prénom peu usité – rappelle l'arbre, le paulownia, qui pousse en face de chez soi.

Les vertus du merci

Et si vous avez à la fois une peur bleue et une envie folle d'aborder dans la rue votre star préférée ? La situation est un peu différente car alors on se moque bien de connaître votre patronyme et de savoir que vous habitez chez vos parents… En ce cas, faites comme Delphine, commencez par dire « merci ». *« Merci pour cette si belle interprétation de… Merci pour ce que vous avez dit à telle occasion. Merci de soutenir les enfants afghans. »* Qu'il s'agisse de rencontrer Sharon Stone ou la DRH qui a sélectionné votre CV ou le spécialiste qui vous a donné si vite rendez-vous ou la mère de la mariée qui vous a invité, les mercis sont irrésistibles. Dire merci, c'est avoir la politesse du cœur, reconnaître les efforts que les autres ont fournis pour vous. Y compris le plus basique, celui d'être à l'heure : *« Merci d'être venu jusqu'ici. Merci d'être si ponctuel »*, etc.

SE PRÉSENTER PAR TÉLÉPHONE

• Combien de sonneries

Les usages veulent qu'on ne laisse pas sonner interminablement le téléphone. Au-delà de huit sonneries c'est trop, mais moins de trois n'est pas assez. Votre correspondant sera furieux de s'être interrompu dans la fabrication de sa pâte à tarte pour arriver, et voilà ! juste trop tard.

→

• Les premiers mots

Dès que votre correspondant décroche, présentez-vous : « Bonjour Madame, Monsieur, Marguerite Must à l'appareil. » Si la voix vous déroute, ne faites pas comme les Italiens qui demandent : « Pronto ? Chi parla [c'est qui] ? » La moindre des choses est de savoir qui vous appelez. Ajoutez plutôt : « Pourrais-je parler à Tartempion, s'il vous plaît ? »

• Le bon moment

Ensuite, assurez-vous que votre moment est bien choisi : « Je ne vous dérange pas ? Sinon, je peux rappeler plus tard. » Cette entrée en matière courtoise devrait vous assurer l'écoute et les bonnes grâces de votre correspondant.

• Éteignez votre mobile

Est-il nécessaire de préciser qu'un téléphone portable reste coupé lorsque vous êtes en compagnie ? En entendant cette horrible sonnerie, votre interlocuteur va déjà se braquer, mais si en plus, vous décrochez, n'espérez plus réussir votre premier contact. À vouloir faire ménage à trois, on se retrouve... tout seul.

La politesse des premières minutes

« Bonjour, merci » : toutes ces formules sont dites de politesse. Une politesse dont on peut se demander si elle n'est pas dépassée. Oui, elle l'est en partie concernant « l'étiquette » permettant aux gens du même (beau) monde de se reconnaître. Ils ont appris (eux seuls ont appris ?) qu'il faut appeler un évêque Monseigneur, que les hommes et les femmes n'échangent jamais par courrier leurs « sentiments » mais leurs « salutations » et que, dans la rue, un homme marche du côté de la circulation pour protéger sa compagne (qui souvent n'en demande pas tant) des automobiles et des éclaboussures…

Le savoir-vivre porte bien son nom puisqu'il s'agit de prouver que l'on sait vivre avec les autres.

Les relations se sont simplifiées. L'étiquette est devenue facultative pour faire bonne impression (snobisme excepté). Et l'on passer outre ses codes et ses subtilités. Reste la politesse. Une politesse sans laquelle il n'y a pas de vie collective possible. Impossible d'en faire l'économie sans risquer d'être très mal perçu et reçu. C'est elle qui met de l'huile dans les rouages de la communication. Elle qui empêche que nous soyons en guerre les uns contre les autres. Elle qui régule l'ensemble de la vie commune.

ÊTRE POLI POUR QUOI FAIRE ?

La politesse consiste à montrer, par notre attitude, que nous sommes conscients de la présence des autres, de leur importance (voire de leur primauté sur nous). Elle signale aussi que nous avons du plaisir à les rencontrer et que nous nous soucions de les considérer, voire de leur faire plaisir.

Montrez que vous êtes content

La politesse des premières minutes consiste simplement à montrer que nous sommes contents de connaître telle ou telle personne. Pas plus, pas moins. Comment l'exprimer ? Par le corps toujours et par des mots. Oh ! bien sûr, il existe le fameux « enchanté » marmonné dans sa barbe. Il est un peu passe-partout, un peu éculé. Il arrive qu'il gêne à la fois celui qui le bredouille et celui qui l'entend.

→ **Personnalisez votre phrase d'accueil** en employant une phrase plus précise. Elle viendra d'autant plus facilement que vous serez renseigné sur les personnes rencontrées au cours de cette réunion, dans cette fête. Plus vous en saurez, plus vous trouverez une phrase d'accueil adaptée. Quelques exemples ? En rencontrant un ami d'ami on peut dire : *« Ça me fait plaisir de vous voir. C'est sympa que vous soyez là ! Depuis le temps que j'espérais faire votre connaissance. »*

→ **Dites que vous vous intéressiez à elle avant même de la rencontrer :**

– J'ai lu votre rapport sur… et j'avais hâte d'en parler avec vous.

– Je sais que vous avez eu des ennuis de santé mais vous paraissez tout à fait rétabli.

– J'ai appris pour votre père, je suis désolé.

→ **Faites une observation positive**

Si le contact de visu a été précédé d'un contact téléphonique ou électronique, on pourra dire :

– *C'est exactement comme ça que je vous imaginais* (pour rassurer ceux qui auraient peur de décevoir lors du vrai contact).

Ou encore :

– *Tu es encore plus jolie que…*

Pour aborder une fille, trouvez un compliment à lui faire sur sa coiffure, ses boucles d'oreilles, le parapluie qu'elle a eu la bonne idée d'emporter, etc. et l'équivalent pour aborder un garçon. Ne croyez pas que cette entrée en matière soit bête ou convenue, elle est tout simplement agréable et… efficace.

À partir de ces phrases personnalisées – bien plus qu'à partir de formules en l'air – peuvent s'engager de vraies conversations et leur effet est presque toujours positif.

Comme contre-exemple, je voudrais vous raconter comment un lecteur est arrivé vers moi pour que je lui dédicace un livre : *« Vous êtes moins bien que sur la photo ! »,* a-t-il constaté en me montrant le dos de couverture. Je ne sais pas pourquoi (je plaisante) il m'a immédiatement paru antipathique.

Ce n'est pas tant sa déception qui me gênait que son agressivité. Certaines personnes croient drôle ou gentiment provocateur d'entrer en matière par une petite vacherie. Mauvais calcul ! Mon lecteur croyait bien faire, se distinguer, entamer le dialogue. D'ailleurs, il s'étonnait : *« Je vois bien que vous ne voulez pas me parler. »* Mais, après cette entrée en matière, je le redoutais. Trop direct, il pouvait s'en prendre à mon livre, mon style, mes idées… Je n'avais plus confiance en lui pour m'apprécier.

« Mais puisqu'il le pensait », me direz-vous ? Certes mais est-ce une raison pour heurter, prendre le risque de

froisser ? De plus le sujet de mon livre devait l'intriguer puisqu'il avait envie d'en discuter. Le dire simplement aurait été une meilleure entrée en matière : *« Le sujet de votre livre m'a intéressé »*, ce qui était vrai, aussi.

METTEZ VOS LUNETTES ROSES…

Il ne s'agit pas de mentir, ni de dire ce que nous ne pensons pas. Au contraire, il s'agit d'être sincère mais en sachant (en acceptant) de trier parmi nos avis, ceux qui peuvent gratifier notre interlocuteur et donc, servir la relation.

La politesse entraîne à la douceur. À voir le côté positif des gens, du moment présent, ce qui est une excellente habitude. Chausser par principe des lunettes roses rend la communication et la vie bien plus faciles. D'autant qu'une personne qui se sent aimablement accueillie adopte, en réponse, une attitude favorable.

Le test du taxi

Tenir compte des gens, chercher à les mettre à l'aise et à les rendre contents d'eux et de nous, n'est pas de l'hypocrisie. C'est un art de vivre. Soyez systématiquement gentil. Avez-vous fait l'expérience du taxi ?

→ Taxi numéro un

Le chauffeur ne dit pas bonjour, n'éteint pas sa cigarette, continue d'écouter la radio comme si personne n'était monté dans son auto. À la fin de la course, pourboire minimum. Il râle en reprenant la monnaie et vous n'êtes pas loin de déverser la bile qu'il vous inspire.

→ Taxi numéro deux

Un bonjour courtois, une musique douce *(« Elle ne vous dérange pas ? »)*, de la courtoisie à revendre : *« Avez-vous un itinéraire préféré ? »* Au final, un échange sympathique, un bon pourboire qui satisfait celui qui le donne et celui qui le reçoit.

Ne nous précipitons pas

Nous vivons une époque pressée. Il faut que tout aille vite et bien. Les Américains – qui nous inspirent tant – nous montrent le chemin de l'efficacité. Mais ne confondons pas efficacité et précipitation. L'erreur serait de croire qu'il faut aller droit au but. En effet, on se rencontre toujours dans un but précis : dans le taxi pour aller d'un point à un autre, dans une réunion pour étudier un projet. Avec une fille ou un garçon connecté sur Internet afin de savoir si elle ou lui nous convient. Mais prenons le temps des formules de politesse, des banalités avant d'en venir aux faits. Pour ne pas heurter ni paraître agressif ou seulement « intéressé ».

Annonçons directement : *« 12 rue de Montreuil »* ou *« Je cherche un mec qui veut des enfants »* et ce sera mal parti. Trop brutal, trop sec ! Sauter à pieds joints sur les raisons de la rencontre est reçu comme une entrée en matière agressive. Pourquoi ? Parce qu'on ne prend pas le temps de mettre en valeur le contexte *(« Votre voiture est très confortable »)* ou la personne *(« J'aimais bien tes e-mails mais je suis encore plus content de te voir »)*. Parce qu'on ne prend pas le temps de dire qu'on est content de se voir. Pas le temps de rassurer sur le fait que oui, tout va bien se passer entre nous.

Le temps que nous croyons perdre en salutations se rattrape par la suite.

En différant l'énoncé de nos demandes ou de nos intentions (12 rue de Montreuil), nous avons parfois l'impression de perdre du temps. À tort, car ce temps « perdu » en salutations se rattrape par la suite. La bonne impression que nous aurons faite en commençant par une formule de politesse, un compliment mettra notre interlocuteur dans de bonnes dispositions. Il sera, de ce fait, plus volontiers cordial et heureux de nous satisfaire.

Offrir pour briser la glace

Voyez comme il est agréable d'être reçu dans ces pays où l'on pratique l'hospitalité. De même, lorsque vous recevez quelqu'un chez vous, la politesse recommande d'offrir quelque chose à boire le plus souvent. Pourquoi ne pas étendre cette coutume ?

• **Faites passer le plateau**. Dans les soirées où je ne connais personne, il m'arrive souvent de prendre un plateau pour seconder la maîtresse de maison. Je souris, je passe de groupe en groupe et m'attarde là où on m'accueille, là où les gens, les sujets de conversation m'intéressent. « Bonjour, voulez-vous un verre ? » est une excellente manière de faire connaissance.

→

- **Ayez des bonbons, des cigarettes...** Un autre truc consiste à avoir sur soi des bonbons, des cigarettes, quelque chose à offrir pour briser la glace : « Voulez-vous un bonbon. J'espère que vous aimez la menthe ? » est une phrase bateau sans doute mais soyez sûr qu'autour de cette offrande – qui est déjà un échange –, la rencontre se déroulera mieux.

- **Proposez un café.** On peut enfin annoncer dans une réunion ou dans un couloir de fac, d'entreprise : « Ce serait sympa d'aller prendre un café tout à l'heure après la réunion. » Cette perspective crée déjà un lien.

De plus, si nous retardons un peu notre entrée dans le vif du sujet, la question viendra d'en face. *« Où allez-vous ? »,* demandera le chauffeur. Or il vaut toujours mieux être demandé que demandeur. Enfin, ne nous trompons pas sur les Américains : ils veulent être efficaces, donc ils sont aimables, parce que ça va de paire. Avant de prendre une commande, un serveur vous sourit et vous interroge pour savoir si tout va bien, si vous passez une bonne journée, si vous êtes content. Ensuite seulement, il s'informe sur ce que vous souhaitez manger.

Et après avoir dit bonjour ?

Notre principal objectif après cette entrée en matière est de faire parler la personne, afin de déterminer quels sont ses sujets de conversation préférés, ses préoccupations, ses modes de vie et de pensée. Souvenons-nous qu'il s'agit, à ce moment-là, d'avancer un peu masqué afin de ne pas prendre le risque de contrarier. Ne vous exposez pas trop, surtout si vous êtes un communicateur de type agressif.

Cette manière soft de procéder permet de s'habituer l'un à l'autre : à son ton de voix, à sa manière de s'exprimer, à la distance permettant à chacun de se sentir à l'aise. Sans se bousculer, on trouvera également un terrain d'entente.

Une conversation « toute bête »

À ce stade de la rencontre, il ne s'agit pas encore d'avoir une conversation « intelligente » tournant autour des idées de chacun, mais plutôt une conversation banale qui plante le décor de la relation en rappelant les raisons de la rencontre : fête, réunion de travail, sortie, événement sportif qui seront autant de sujets de conversation.

On peut aussi parler de l'instant présent, évoquer le temps qu'il fait, la qualité du vin, les gens qui sont là. Ou se présenter un peu plus en détail en ajoutant des précisions : pourquoi on est ici, par qui on a été invité, mais toujours avec l'objectif de rassurer la personne qui est en face de soi et surtout de mieux la connaître, pour l'apprivoiser.

De ce fait, les « questionneurs » auront intérêt à changer de tactique et à parler un peu plus d'eux-mêmes pour lancer la conversation. Plutôt que de poser la question qui leur vient naturellement, ils feront une observation personnelle qui sera en quelque sorte une proposition de connivence : *« J'aime ce quartier très vivant »*, suivi d'un silence. Cette manière de procéder est la plus douce car elle n'accule pas à répondre.

Néanmoins, un interlocuteur timide aura besoin qu'on soit plus engageant en posant une question plus directe.

Bonnes et mauvaises questions

Hors du premier contact, les questions sont de deux sortes : certaines sont pertinentes et d'autres idiotes. Dans les premières minutes d'une conversation, ce critère ne vaut plus. Rappelons que l'objectif n'est pas d'être intelligent, mais de faire parler. Dans cette optique, il existe deux types de questions qualifiées de la même manière que les postures ou la gestuelle : les questions ouvertes et les questions fermées. Ouvertes, elles devraient permettre d'en savoir un peu plus sur la personne rencontrée. Fermées, il faut reposer une autre question.

➔ *Les questions fermées*

Elles provoquent des réponses fermées : *« Tu es contente d'être ici ? »* Réponse : oui ou non. Cette réponse obtenue, nous en serons au même point, c'est-à-dire obligés d'inventer une nouvelle question pour faire repartir la conversation.

L'utilisation de certains verbes est un indice. Dès que nous les prononçons, ils doivent fonctionner comme des petites sonnettes d'alarme nous avertissant que nous posons une question fermée, quand nous employons les auxiliaires (être et avoir) et tous les synonymes du verbe faire, par exemple. Tous coincent dans ces réponses brèves.

Mots alerte
Avoir
Être
Faire

Exemples :

– *Vous êtes sûr ? Oui.*

– *Tu l'as déjà fait ? Oui.*

– *As-tu un ticket ? Non,* etc.

Amusez-vous à allonger la question : « Avez-vous déjà passé un Noël à Venise, dans un palais peuplé de personnages étranges : l'un chante la Traviata, l'autre débite des Nohono en prétendant vous apporter la lumière, une autre boit trop de Prosecco… » Réponse ? Malgré la longueur de la question, elle est aussi brève : non. Point final.

➔ ***Les questions ouvertes***

Elles appellent de plus longs développements. Elles empêchent que l'on vous réponde par oui ou par non. Elles aussi contiennent des mots-alerte.

Mots alerte
Pourquoi
Comment
Sentir

– *Pourquoi avez-vous choisi de venir à Pierrefort ?*

– *Comment avez-vous eu cette idée ?*

– *Comment avez-vous connu Bernard ?*

Impossible de répondre brièvement aux questions qui commencent ainsi. L'effet de ces deux mots, catalyseurs de réponses un peu plus fouillées, est renforcé par l'emploi de verbes sensoriels tels que : voir, aimer, sentir, etc.

– *Et comment aimeriez-vous passer vos vacances ?*

– *Comment vous sentez-vous dans cette ambiance... déguisée ?*

Même si la réponse est assez brève *(« Je m'y sens bien »)*, il sera très facile de poser la question suivante, une question ouverte naturellement à propos du plaisir éprouvé :

– *Moi aussi je m'y sens bien, mais vous quel plaisir y trouvez-vous ?*

Évidemment, la technique mérite un peu d'entraînement.

Amusez-vous pendant une journée
à ne poser que des questions ouvertes.
Puis le lendemain, que des questions fermées.
Vous sentirez vite la différence.

Néanmoins, nous l'avons vu, la conversation doit être un dialogue. Chacun doit se dévoiler un peu pour que l'échange soit à la fois intéressant et équilibré. Il convient aussi de ne pas brusquer. Dans ces conditions, le mieux est de faire précéder sa question ouverte d'une petite phrase d'introduction un peu personnelle qui engage à parler de soi et ne brusque pas notre interlocuteur qui pourrait avoir l'impression de passer un interrogatoire, si nous nous en tenions à la question pure. Bref, prenons la banalité la plus éculée comme le temps qu'il fait ou le thème des vacances, et fabriquons une phrase engageante du genre :

– *Je viens ici pour passer des vacances reposantes, et vous ?*

L'habileté des banalités

Arrêtons-nous un instant sur ces banalités que l'on raille ou que l'on se refuse, sous prétexte qu'elles sont « archi-rabâchées ». On comprend mieux leur habileté lorsqu'on sait ce qui attire la sympathie. Pour la mesurer, des chercheurs en psychologie ont étudié plusieurs facteurs incluant l'intelligence, les capacités relationnelles, les qualités de coopération, les qualités physiques aussi. Or il est apparu que n'importe lequel d'entre nous peut sembler très attirant, à condition de se montrer… tout à fait d'accord avec son interlocuteur.

En effet, nous sommes attirants et sympathiques quand nous avons les mêmes idées sur la vie, l'éducation des enfants, la politique, la religion, le mariage gay, les OGM, etc. Pourquoi ? Parce qu'alors, il se sent légitimé et grandi. Que vous ayez le même avis le valide et le flatte. Cette concordance prouve qu'il a une bonne intelligence du monde et des gens. Aimant vos idées – puisque ce sont les siennes –, il vous aime aussi.

Les 3 niveaux de dialogue

C'est justement parce qu'il faut être d'accord avec lui pour plaire à quelqu'un qu'il est risqué – en début de conversation –, de s'aventurer sur des sujets où s'exprime un avis personnel. Mieux vaut s'en tenir à des sujets consensuels. En fait, il existerait trois niveaux de dialogue, du plus objectif au plus subjectif. Autrement dit, du plus neutre au plus risqué.

- **Niveau 1 : les banalités**

« Victorine est une copine depuis cinq ans. Il fait beau ce soir : c'est magnifique la campagne après la pluie, quand l'herbe verdit. Vous avez vu cette chaussée défoncée, les embouteillages, la location qui était de dimanche à dimanche et non de samedi à samedi. Sympa ce bar à vins, etc. » Le terrain des banalités porte sur tous nos points communs présents et superficiels. En parler permet d'avoir une conversation détendue et sans danger d'implication. À ce niveau de la « discussion » (si l'on peut dire), on ne peut pas craindre de déplaire, juste d'ennuyer. Si on en reste là, le souvenir que laissera la rencontre ne sera pas désagréable, mais vite oublié.

- **Niveau 2 : les faits, les plaisanteries**

Une fois qu'on a parlé du temps et superficiellement des points communs, mieux vaut franchir un cran de plus. Une manière d'y arriver sans s'engager (et donc sans risquer de déplaire) consiste à parler des faits, sans les commenter. Le dernier débat télévisé a profité au ministre du Budget, les impôts locaux dans les grandes villes n'ont pas augmenté, c'est la mode des bottes cavalières, le dernier Bergman vient de sortir…

On voit bien que, même en ne donnant pas son avis, on s'implique plus que précédemment car le choix des sujets nous révèle déjà.

Le risque est de donner un avis plus tranché en quittant la neutralité qui est de mise, pour s'aventurer sur le terrain des jugements : « *Le dernier débat télévisé a profité à cet escroc de ministre du Budget. Cette mode des bottes cavalières, c'est d'un laid !* » Le premier contact sera compromis si vos interlocuteurs apprécient leur ministre et/ou conservent ce genre de bottes dans leur garde-robe. Ils se sentiront même personnellement visés. Le mieux est d'effleurer plusieurs thèmes, afin de voir sur lequel les gens accrochent et… semblent d'accord. Sur cette base, on pourra franchir une étape supplémentaire.

Mais en attendant, souvenons-nous que les faits nous sauvent. Qu'il est intéressant de lire le journal. Que les gens en général aiment qu'on les surprenne par des informations nouvelles. Imaginez que vous soyez les premiers à leur parler de la mode des jupes pour les hommes ! La conversation qui s'engagera sur la base des faits laissera un souvenir intéressé voire agréable, surtout si vous apportez des scoops, ce qui n'est déjà pas si mal. Dans ce cadre et à condition de rester assez neutre, le risque d'offenser quelqu'un ou de causer un conflit est minime.

- **Niveau 3 : les idées et les opinions**

Oui, mais les faits sont moins drôles que les idées. Il est bien plus savoureux de savoir pour qui vote telle personne, que de l'entendre raconter d'une manière objective que le candidat X est pour les prix bas, tandis que le candidat Y est farouchement contre.

Sujet risqué mais intéressant

Seules les idées, les opinions personnelles exprimées permettent de savoir qui est en face de soi, ce qu'il a dans la tête, dans les tripes. Le niveau 3 est donc le seul qui permette de développer une amitié. Le seul qui donne lieu à un véritable dialogue mais évidemment, à entrer dans l'espace des idées on court le risque d'avoir des valeurs, des points de vue différents. Faut-il rester dans le domaine des banalités et du consensuel ? Faut-il s'en tenir aux faits ou prendre le risque d'avoir une conversation intéressante, quitte à déplaire ?

Généralement, on ne répond pas à cette question de manière aussi tranchée.

On procède plutôt par étapes pour voir jusqu'où on peut aller. Même en trois minutes ! Certaines personnes se débarrassent des banalités en une phrase : *« Vous êtes venu acheter des CD »,* pour passer rapidement aux faits : *« Ici, on trouve de la musique classique. »* Et en venir aux goûts : *« Je me shoote à Handel, je n'écoute que ça ! »* Quand on passe si vite au niveau 3 c'est quitte ou double mais pourquoi pas ? On peut être assez sûr de soi pour ne pas aimer perdre son temps. En revanche si l'objectif est de plaire, prudence les mélomanes : entre Handel et le reggae peut s'installer une certaine incompatibilité d'humeurs. Oui, on peut se fâcher pour un petit air de musique.

Parlez-moi… de moi

Lorsque vous engagez la conversation, ne perdez pas de vue l'objectif premier : en apprendre plus sur nos partenaires de rencontre. Max par exemple croit qu'il s'intéresse aux autres lorsqu'il leur demande s'ils s'y connaissent en voitures (il est garagiste), puis en bowling (il enchaîne les strike), puis en vins (sa cave regorge de grands crus). Si aucun de ces trois sujets ne reçoit l'accueil escompté, il se tait ou cherche un autre partenaire auquel il pose exactement les mêmes questions.

Max est convaincu de s'intéresser aux gens puisqu'il va vers eux et leur pose des questions. En réalité, il cherche à mettre sur le tapis ses propres sujets de conversation, afin de pouvoir briller et passer une soirée qui l'intéressera, lui. Trop souvent, on se laisse emporter par soi-même et ses passions, voire par la passion de soi-même.

« Les gens sont dans leurs trucs »

Marie-Hélène est misanthrope. Elle n'aime ni les premiers contacts, ni les suivants. Ou plutôt si, elle les aime, mais seulement face à des gens qui la mettent à l'aise. Et que faut-il pour y parvenir ? Qu'on cherche vraiment à la connaître, qu'on s'intéresse à elle, qu'on soit curieux de ce qu'elle fait, de ce qu'elle pense, de ce qu'elle vit. « C'est rarissime, dit-elle. Les gens sont dans leurs trucs. Ils suivent leur logique. Ce que je pense, qui je suis… bof. Ils s'en foutent ! Comme je n'ai rien d'extraordinaire à raconter, je rentre dans ma coquille. Et voilà ! »

Marie-Hélène a raison : souvent, le plus intéressant pour soi, c'est soi. Connaissez-vous l'histoire de cette femme qui parle d'elle, encore et encore. Soudain, elle s'interrompt, regarde son compagnon dans les yeux et dit, presque confuse :

– *Oh pardon, excuse-moi je parle, je parle… mais, et toi ?*

L'homme reprend son souffle pour se lancer enfin dans la conversation, mais déjà elle enchaîne :

– *Oui, et toi ? Qu'est-ce que tu penses de… moi ?*

Eh oui, les gens sont dans leurs passions, leurs joies, leurs soucis. Est-ce si grave ? Non, il suffit de le savoir pour établir un bon premier contact. Vous voulez qu'on vous écoute ? Vous voulez faire passer vos idées ? Commencez par parler de *son* travail, *ses* loisirs, *sa* famille, *ses* sorties, *ses* rencontres, *ses* centres d'intérêt…

Quel que soit votre objectif commencez par là, par l'écoute.

Car dans un souci d'équité, celui qui a été écouté sera plus enclin à vous entendre. Puisque vous avez donné, on souhaitera vous donner en retour… enfin, peut-être.

N'en faites pas trop !

On voit qu'au cours de cette première minute, les relations sont bonnes quand elles sont neutres et douces. On s'observe. On se mesure. On marche sur des œufs… De même, en arrivant chez les gens, pas de cadeau surdimensionné. Je me souviens, pour un anniversaire d'enfant, avoir offert une… moto. Une moto jouet mais tout de même ! Je n'ai pas compris pourquoi la mère est devenue extrêmement froide en ouvrant le paquet. Obnubilée par l'idée de faire plaisir, je ne concevais pas qu'elle me trouve « trop ». Pour elle (comme pour nous tous) c'était suspect. Voulais-je étaler la fortune que je n'avais pas ? Acheter son fils ? Son amitié. En tout cas, si j'avais cherché à me faire bien voir, c'était raté !

Sont à proscrire les tactiques de bulldozer, y compris dans le genre confiant, chaleureux, tellement, mais tellement content d'être là.

N'agissons pas comme ces mauvais comédiens qui confondent les cris et l'intensité dramatique.

Évitons aussi l'excès de chaleur,
de familiarité, de générosité…

En matière de communication, l'excès est mal accueilli. Deux psychologues de l'Université du Michigan ont montré qu'un don excessif (il en est des marques d'amitié comme des cadeaux concrets) suscite une réaction de rejet. Pourquoi ? Parce qu'on redoute de ne pas pouvoir rendre l'équivalent. C'est-à-dire de ne pas pouvoir être aussi amical, généreux, positif. On se demande : *« Qu'est-ce qu'il me veut ? »*

Qu'est-ce qu'il me veut ?

J'ai croisé un jour dans un salon du livre, un auteur connu qui souriait terriblement, de toutes ses dents et devant lequel – malgré son évidente invite – personne ne s'arrêtait. C'est que son « humeur ensoleillée » l'était tellement qu'elle glaçait ses plus fervents admirateurs. Nous pensions ceci : « De deux choses l'une, ou son sourire est forcé et il est aussi sincère qu'un animateur télé. Ou il n'est pas fabriqué et sa bonne humeur est réelle, mais tellement extrême qu'on ne pourra jamais l'égaler. » Et voilà comment un auteur exagérément aimable faisait fuir tout le monde.

Toutes les relations déséquilibrées sont vouées à l'échec.

Les chercheurs en psychologie du Michigan expliquent cette réaction de rejet par une tendance à la réciprocité qui nous habite tous. Il semblerait qu'elle soit ancrée dans la psychologie humaine depuis des millénaires. C'est elle qui nous a permis de survivre au paléolithique, en posant les fondations d'une entraide réciproque dans un environnement hostile. L'instinct de rendre l'équivalent de ce qu'on a reçu, était une sorte de loi tacite condamnant à l'exclusion tous ceux qui dérogeaient, en donnant trop peu.

La règle du donnant-donnant

Souvent, les histoires d'amour échouent parce que l'un donne beaucoup et l'autre moins. Le premier se sent exploité. Le second estime qu'il n'est pas à la hauteur. L'un et l'autre s'en veulent. Cette comptabilité intérieure réflexe existe dans tous les rapports humains. Voilà pourquoi il ne faut pas rendre trop de services, faire de trop beaux cadeaux, être trop gentil, trop disponible, trop à l'écoute, etc. Un jour ou l'autre, on finira par vous le reprocher. Nous les humains supportons très mal d'être redevables. Vous attirerez la sympathie avec de l'attention et de l'écoute. Avec de l'hyper-générosité, de l'hyper-chaleur, vous recevrez… de l'ingratitude.

Merci… de rien

Ce constat me rappelle une histoire. Je connaissais une jeune femme dont la mère était atteinte de la maladie d'Alzheimer. Depuis des mois, elle cherchait à obtenir un rendez-vous dans un service spécialisé. Par hasard, j'y connaissais un médecin et pus obtenir en quelques heures le rendez-vous tant espéré. Les semaines suivantes, aucune nouvelle de la jeune femme à laquelle j'étais heureuse d'avoir rendu un si grand service.

Un peu surprise de son silence, j'ai fini par téléphoner pour m'entendre dire, d'un ton sec : « Oui, ma mère a vu ton médecin mais je ne t'ai pas rappelée parce que j'ai horreur des passe-droits ! » Eh oui, Sartre avait raison, l'enfer est pavé de bonnes intentions. Elle m'en voulait d'être redevable… Dites au moins, quand vous faites un beau cadeau, que vous l'offrez en remerciement d'un service rendu ou que vous adorez vous rendre utile. D'ailleurs, pas fou, quand quelqu'un nous dit merci, on répond… « de rien ».

Les leçons de Monsieur Perrichon

Eugène Labiche illustrait ce principe de la réciprocité dans sa pièce *Le voyage de Monsieur Perrichon,* écrite en 1895. Deux prétendants se disputent la main de la belle Henriette, la fille Perrichon. Un jour, l'un des deux prétendants sauve la vie du papa. Naturellement, il pense qu'après cet acte de bravoure, il va obtenir la main de la jeune fille. Hélas pour lui, l'autre prétendant est bien plus subtil. Le lendemain, il fait semblant de tomber dans une

→

crevasse et se laisse sauver par… Perrichon lui-même qui, sur-le-champ, en fait son gendre. Comme quoi un sauvé est bien plus sympathique qu'un sauveur. Conclusion : *« Les hommes ne s'attachent point à nous en raison des services que nous leur rendons, mais en raison de ceux qu'ils nous rendent. »*

Ne rien prendre sans donner

Prenez soin, quand vous donnez quelque chose (y compris dans l'ordre des compliments, des félicitations, des encouragements, de la chaleur humaine) que l'on soit en mesure de vous rendre la pareille. À l'inverse, veiller à « ne rien prendre sans donner » car nous attendons tous une réciprocité, sauf cas particulier. Ainsi Françoise raconte qu'elle adore téléphoner à sa mère pour se plaindre de la vie, des mômes, du boulot. Parce qu'elle écoute sans rien demander en échange, *« tandis qu'il faudrait – pour que mes copines m'écoutent – que je les écoute aussi »*. Bien vu !

De même, quand vous êtes demandé, jouez les demandeurs. Imaginez que quelqu'un vienne solliciter un service. Il est demandeur, donc en position de faiblesse. Vous bombez le torse. C'est merveilleux de se sentir utile (voire un peu supérieur) puisque vous possédez la ressource qui lui manque.

L'astuce relationnelle consiste pourtant, à ne pas le laisser dans cette position d'infériorité. Du moins si vous souhaitez qu'il garde un bon souvenir de vous. Les grands communicateurs glissent alors une petite phrase qui rétablit l'équilibre : *« Ah ! bonjour mon cher. Justement j'allais vous appeler… »*

5

Réguler l'échange

Les présentations sont faites. Vous avez amorcé le dialogue. Il s'agit maintenant de le poursuivre agréablement et... efficacement. Mais comment faire pour que la rencontre soit enrichissante pour les deux protagonistes ? Le problème est qu'il faut contenter tout le monde : l'autre et nous. Et vite si possible ! Sachant que nous avons tous besoin d'avoir raison et d'être aimés, comment approuver et complimenter, tout en existant dans la conversation, et sans avoir l'air de contredire (si nous ne sommes pas d'accord) ni de tirer la couverture à soi ?

La solution est dans l'équilibre entre les deux volets : le discours et l'écoute. Puisqu'il est question de « communication », il convient d'être clairs (pour être reçus 5 sur 5) et vrais dans ce que nous choisissons de dire : vrais nos compliments, vrais dans nos arguments tout en restant positifs et respectueux, naturellement. Même quand nous prenons la parole, notre interlocuteur doit se sentir considéré, pris en compte. Certaines personnes monologuent. Face à eux, nous nous sentons interchangeables. Nous pourrions être Marcel ou Juliette, sans qu'ils changent un mot de leurs diatribes égocentriques. Sans cesse, nous devons donner l'impression d'écouter, de tenir compte de. L'écoute, c'est le plus difficile.

Avoir raison et être aimé

Au fond, nous cherchons tous – et cela aussi bien dans les discussions privées que dans les discussions professionnelles – à être aimés et à avoir raison, et ce dès le premier contact. Pour convaincre l'autre de se ranger à son avis, chacun a sa tactique, une tactique pas toujours très au point.

Tactiques pour avoir raison

→ **Quelqu'un de timide renonce tout de suite. Il baisse les bras avant d'avoir commencé.** Mais il ne donne pas non plus raison à son interlocuteur. Il ne cherche ni à savoir où il en est (point de départ nécessaire pour le convaincre) ni à préciser son point de vue, ses objectifs (afin d'être compris). Il pense rester neutre. En fait, il est fermé, imperméable aux opinions d'autrui. Car il est trop dévalorisé – trop sourd dans son anxiété –, pour changer d'avis. De plus, si on le titille, il devient agressif.

À retenir – Ce qu'il peut faire ? Au moins, ne pas réagir par l'hostilité. Et comprendre qu'il est décourageant car, à sa manière, il refuse le débat.

→ **Quelqu'un d'agressif brandit ses opinions comme une arme.** Pas question de le déloger de là où il se trouve. D'ailleurs, il commence en affirmant que vous avez tort. Le résultat est assez bon quand les autres battent en retraite pour éviter le conflit. Plus souvent, on aura tendance soit à le fuir, soit à surenchérir dans l'agressivité. En tout cas, à traîner des pieds pour lui donner raison.

À retenir – L'agressivité est inefficace et éprouvante. Pour devenir moins pesants, les combatifs doivent éviter de crier leurs intentions, leurs opinions dès les premières minutes. Un peu de prudence et de patience ne nuit pas.

→ **Les observateurs sont tout à fait d'accord.** Mais cette abdication paraît trop rapide pour être honnête. Il s'ensuit une certaine méfiance que l'observateur – qui est en général de bonne foi – ne comprend pas.

À retenir – Pour amadouer, il pourrait nuancer : *« Sur ce point-là, je ne suis pas tout à fait d'accord avec vous. »* La neutralité bienveillante convient mieux au psychanalyste qu'au commun des mortels dans un échange banal.

→ **Les charmeurs adorent faire changer d'avis** mais par principe, pour le fun, afin de constater leur pouvoir de séduction et de douce persuasion. Expérimentés, ils ne dévoilent jamais leur jeu dans les premières minutes. Pourtant, certains se méfient avec raison de toutes leurs déclarations d'amabilité.

À retenir – La conversation est agréable, à condition qu'elle soit sincère. Soyez vrais, on ne vous en aimera que plus.

Tactiques pour être aimé

L'autre préoccupation commune à tous est d'attirer l'attention, de la centrer sur nous et d'une manière positive, évidemment. Nous ne serons heureux d'une rencontre (et réciproquement) que si nous y parvenons. Mais là encore, il y a méthode et méthode.

→ **Les timides ne sont pas très sympathiques puisqu'ils mettent mal à l'aise.** Leur inhibition – qui est à son apogée dans les premières minutes – crée une gêne. S'ils ne sont pas d'accord, qu'ils le disent en prenant des gants certes, mais qu'ils le disent tout de même au lieu d'opiner par principe, pour ne pas contrarier. Cette mauvaise tactique ne trompe pas : on sait bien qu'ils font semblant d'approuver, tout en ayant la tête ailleurs. Comme les enfants de Prévert qui disent oui avec la tête et non avec le cœur…

À retenir – Les anxieux doivent puiser dans leur agressivité souterraine pour aller vers les autres, se lancer, oser commencer la rencontre de manière un peu plus rapide, active en posant des questions au lieu de se contenter d'y répondre.

→ **Les agressifs doivent emprunter aux timides un peu d'inhibition.** (D'ailleurs, les personnalités agressives sont souvent des timides compensés, exagérant le mouvement de balancier dans l'autre sens.) Évitez aussi toute parano : non, les autres ne vous en veulent pas. Non, ils ne sont pas forcément opposants, « contre » vous et vos idées. Ils en ont d'autres, c'est tout. Et c'est leur droit.

À retenir – Ne prenez pas la contradiction pour un scandale et surtout, mettez un peu d'eau dans votre bile. Vous irez mieux, les autres aussi.

→ **Observateur, vous êtes sans doute ressenti comme quelqu'un d'assez froid et distant.** Vous ne comprenez pas qu'on ne vous trouve pas plus sympathique, puisque vous vous estimez remarquable d'être distancié : c'est si rare l'objectivité, le désintéressement ! Mais les autres ont besoin de vous faire vibrer.

Le psychanalyste Bruno Bettelheim avait une jolie formule lorsqu'il disait : *« Si vous voulez que vos enfants se sentent aimés, laissez-les vous influencer… »* Tout le monde aime avoir un impact, influencer les autres. C'est la preuve que nous ne sommes pas transparents, inexistants. Votre attitude en retrait ne plaît pas.

À retenir – Osez dire : *« Je pense, je suis… »* Ainsi, au lieu de se demander avec inquiétude de ce que vous pensez vraiment, on vous situera de manière beaucoup plus claire.

→ **Charmeur, votre but dans la vie est qu'on vous aime et ça marche !** D'emblée, vous provoquez des sentiments très positifs. En votre présence, les autres se détendent, s'amusent, se laissent aller, batifolent. Mais vous avez tant de savoir-faire que l'on se demande parfois si vos belles paroles ne sont pas servies à toutes les sauces.

À retenir – Soyez un peu plus passif et un peu plus profond pour leur donner l'impression que cette rencontre est unique, qu'elle relève d'un échange d'âme à âme.

LAISSEZ-VOUS INFLUENCER

Pour conclure, pensez que les autres ont les mêmes besoins que vous. Ils veulent vous influencer et qu'on les trouve sympathiques. Donnez-leur ce qu'ils demandent en les écoutant, en évoluant sous leurs arguments et en les gratifiant. Mais sachez aussi vous faire valoir avec sympathie. Un peu plus de ceci, un peu moins de cela. Souvent, ce n'est qu'une affaire de dosage...

Savoir écouter...vraiment

L'écoute est aussi importante, si ce n'est plus, que le discours. Si vous savez être un auditeur attentif, vous serez sympathique. La difficulté n'est pas d'entendre mais d'écouter. Entendre est à la portée de tous, il suffit d'avoir deux oreilles. Écouter avec attention, c'est autre chose. Trois conditions à cela : la première, ne pas projeter ses propres pensées sur ce qui est dit. Ne pas interpréter, ne pas anticiper. Ceux qui commettent cette erreur pensent déjà à donner leur avis, alors que nous n'avons même pas fini de parler. Notre phrase est à peine achevée qu'ils enchaînent par un fameux *« C'est comme moi ! »* puis se lancent dans une « suite » qui parfois n'a aucun rapport :

– *J'aime la choucroute !*

– *C'est comme moi les roses rouges !*

Et jusqu'au bout…

Dialogue de sourds ? Méfions-nous des extrapolations, des interprétations, des projections.

Difficile d'être dans l'échange seulement… surtout quand vous saurez qu'il faut avoir une écoute active. Ne devenez pas un « interlocuteur créatif ». Sa caractéristique ? Il croit comprendre ce qu'il n'écoute pas vraiment.

Il faut écouter ce qui est dit
– et non ce que l'on croit entendre –
ou ce que l'on croit que l'autre pense.

Les spécialistes de Mars et Vénus (la fameuse série de John Gray) affirment que c'est une spécialité féminine. Pour montrer une volonté de coopération, un désir d'apporter une pierre à l'édifice commun, on saisit au vol un mot, une formule. C'est donc en toute innocence que nous coupons le sifflet. Est-ce une bonne idée ? Non. Au mieux nos interlocuteurs (surtout si ce sont des hommes) sont agacés. Au pire, ils sont vexés.

À bien y réfléchir, on les comprend. Ces méthodes interventionnistes signifient qu'on en a assez entendu. À nous de dire plus intéressant. Mais souvenons-nous que pour avoir un bon contact, il ne s'agit pas d'étaler son opinion, ses vérités. Il s'agit de commencer par écouter vraiment, jusqu'au bout et… religieusement, à moins d'intervenir pour reformuler.

PENSEZ À REFORMULER

Pour montrer que vous avez bien écouté, reformulez de temps à autre ce qui vient d'être dit. Il ne s'agit pas de répéter mot pour mot, mais de faire la synthèse des propos tenus d'une manière simple et concise.
Pas question de donner son avis, d'exprimer son sentiment, d'ajouter une idée personnelle, mais seulement de verbaliser ce que nous croyons avoir objectivement compris.
Les phrases qui introduisent une reformulation commencent par : *« D'après toi... Si je vous comprends bien, vous pensez que... En d'autres termes... »*, etc.
Si votre interlocuteur acquiesce, laissez-le poursuivre. S'il rectifie, validez cette nouvelle information et ensuite seulement, ajoutez votre part personnelle à la conversation.

Les vertus de l'empathie

Car la deuxième condition d'une bonne écoute, c'est l'empathie. Un auditeur attentif l'est au contenu de ce qui est dit : informations, faits, chiffres, etc. Mais il l'est aussi à l'autre niveau du discours : celui des émotions exprimées. Cette écoute du second degré est très importante. Car, sur ce point, la synchronisation est obligatoire.

**Pour une bonne communication,
la sensibilité compte bien plus que l'intelligence.**

Si on loupe la couleur émotive de son interlocuteur, on risque un décalage gênant ou blessant. Imaginez que dans un groupe quelqu'un commence à parler sur un ton amusé, de la dernière couleur à la mode, le kaki. Et que vous répondiez sans humour –parce que vous suivez votre idée– que pour vous, c'est la couleur de la guerre. La couleur qui porte malheur.

Cette remarque tombe à plat. Elle casse l'ambiance. On vous regarde comme si vous étiez un peu bizarre, en tout cas pas du tout dans le coup de la soirée...

Cultivez l'écoute du cœur

Pour que l'échange soit vrai et la rencontre profonde, il faut écouter les informations mais répondre aux émotions. En effet, il y a deux écoutes possibles.

- **L'écoute réflexe.** Elle est désincarnée. Elle enregistre comme le ferait un magnétophone. Elle permet de répéter avec fidélité ce qui vient d'être dit. Certains auteurs qualifient « d'écoute du perroquet » cette écoute-écho sans résonance affective.
- **L'écoute du cœur** (appelée aussi « seconde écoute ») est sensible, humaine, chaleureuse. Elle enregistre ce qui est dit mais surtout la façon dont les choses sont dites : avec tristesse, avec joie, avec crainte, colère ? Et c'est en se branchant sur cette prise-là, qu'elle répond.

Mais il y a pire. Un deuil, des condoléances, des sanglots, des larmes. Ce manque de sensibilité se pardonne mal. En fait, peu importe que vous soyez un peu maladroit, que vous ayez du mal à trouver les mots si vous êtes en sympathie avec le rire, les larmes, la joie, la souffrance, l'indignation, le sérieux de qui vous parle.

Bravo à Tom Cruise

Un exemple, l'acteur Tom Cruise était invité à parler de son métier devant des élèves comédiens. Une jeune fille prend la parole et lui demande si la voix a beaucoup d'importance pour faire une carrière, si cela peut constituer un handicap. En écoute passive, il aurait pu répondre que chaque voix a son emploi. Que certains rôles exigent une voix de crécelle, d'autres une voix plus sensuelle, la mode étant aujourd'hui aux voix de femmes plutôt graves, etc. Au lieu de cela, il a répondu magnifiquement : « Ce qui compte, c'est que vous acceptiez votre voix. Si vous l'acceptez vous réussirez à l'imposer. Vous en ferez votre passeport, votre carte de visite. Elle deviendra un atout. »

POUR QUE LE COURANT PASSE

Répondez à l'émotion, mettez-vous en phase avec elle. Les gens qui ont du chagrin vous le disent bien : peu importe les paroles de consolation, toujours un peu plates, ce qui compte c'est l'air, la musique, l'émotion que vous éprouvez à voir les autres émus. C'est pourquoi, lors d'un premier rendez-vous amoureux, faites semblant si nécessaire d'avoir aimé ou détesté comme lui, comme elle, tel film, tel livre, telle musique... Eh oui, au début d'une relation forte, on cherche à savoir si l'on ressent les choses de la même façon. L'inverse peut s'avérer rédhibitoire.

Tom Cruise n'a pas répondu à l'information demandée mais à la peur qu'avait cette jeune fille d'être handicapée par une voix singulière. D'ailleurs, elle rayonnait en entendant cette réponse si sensible, si bien adaptée à sa demande profonde.

Pour bien écouter, il faut donc pouvoir se décentrer et entrer dans la peau de l'autre, afin de bien comprendre ses raisons, ses besoins, son point de vue. Pour cela, essayons d'entendre ce en quoi il peut avoir raison (voir le chapitre précédent), au lieu d'entendre ce en quoi il a tort (ce que nous faisons beaucoup plus fréquemment).

Lancés sur cette base d'écoute positive, nous pourrons communiquer à partir de notre compréhension de sa position, de ses idées, de ses problèmes (n'oublions pas le besoin que nous avons tous d'avoir raison). Éventuellement en reformulant : « Si je vous ai bien compris, vous dites que… » Autrement dit, essayons de bien comprendre avant de contre-attaquer. Cela fait (et vraiment fait), nous pouvons exprimer notre propre point de vue, un sentiment, une demande plus personnelle, mais toujours calmement et gentiment.

Une écoute active et expressive

De ce qui précède, retenons qu'il y a une troisième condition pour que l'écoute soit bonne, c'est qu'elle soit active. Personne n'aime parler à un mur. Oui, je sais c'est un peu contradictoire. D'un côté, pas question de couper la parole, mais de l'autre il faut participer. Eh bien, c'est exactement ça ! Il s'agit de montrer sa participation mais avec le corps, les mains, le regard, des hochements de tête, voire des grognements d'acquiescement et de soutien.

Exemple à suivre

Écoutez ce grand homme de radio qu'est Jacques Pradel. Il parle peu mais il est tout le temps là. Ce n'est pas un hasard si ses invités – pourtant disparates et peu familiers des médias – sont presque toujours bons. On sent qu'il ne les lâche pas du regard, du sourire, de la gorge qui émet des drôles de bruits de soutien. Pour eux, il est à la fois un bon père, un mentor et un élève attentif.

Actuellement à la radio, la nouvelle mode consiste à interposer entre l'animateur et son invité un ordinateur portable, afin d'y lire les e-mails d'auditeurs, interactivité oblige ! Mauvaise idée : moins de présence, moins de concentration, donc moins de communication.

L'ART DE VALORISER

Pensez à mettre le moins d'objets parasites possible entre votre interlocuteur et vous. Soyez proches dans tous les sens du terme. Et n'oubliez pas que c'est en partie vous qui, par votre attention vigilante ou relâchée, le rendez passionnant ou soporifique. Faites de lui un homme brillant, d'elle une femme exceptionnelle et votre rencontre les marquera pour toujours.

Mettez-vous en phase avec leur entrain, leurs étonnements. De simples onomatopées, des *« oh ! »*, des *« ah ! »*, suffisent pour montrer que vous participez. Sont bienvenues également les questions, les appréciations : *« Vraiment ! Et ensuite que s'est-il passé ? Non, vous plaisantez ! Et après, qu'est-ce qu'elle a fait ? »* Que votre écoute soit vivante, réactive. Laissez parler votre corps, vos mains. Opiner de la tête, écarquillez les yeux. Si vous êtes assis, penchez-vous en avant. Affichez un air intéressé et enthousiaste. Vous êtes debout ? Alors, dégagez votre buste, acquiescez de temps à autre. Soyez amusé, surpris. Expressif dans tous les cas !

Devenez gentil animateur

Il y a deux sortes d'animateurs de radio (on y revient) : ceux qui ont les yeux fixés sur leur écran d'ordinateur. Et ceux qui sont tout proches avec une attention expressive et palpable. Il y a aussi ceux qui vous laissent terminer vos phrases et ceux qui vous coupent la parole pour jouer les cassants, les omniscients considérant que leurs questions importent plus que vos réponses. Vous voulez réussir vos contacts, les premiers et les suivants ? Faites l'animateur mais du genre gentil, attentif, proche, intéressé, encourageant. Vous serez toujours beaucoup mieux perçu voire aimé et/ou... recruté.

C'est une rencontre marquante. Du point de vue de la relation elle-même et de votre personnalité qui devra laisser une trace. Pour qu'elle soit frappante et donc originale, il faut décoller des banalités, avoir une présence, une écoute particulière (voir la seconde écoute) et donner des informations inédites. Comment ? Pas en étant particulièrement brillant mais en donnant l'impression que cette conversation, on ne l'aurait avec personne d'autre. Faisons croire que ce moment est particulier. Rendons-le particulier !

La méthode ? Placer la conversation sur le terrain de la subjectivité. En effet, l'intéressant n'est pas ce que les gens font dans la vie, mais la manière dont ils investissent leur travail, leur famille, leurs loisirs. Ainsi, la vraie question n'est pas : *« Comment fais-tu pour construire une Tour Eiffel en allumettes ? »* Mais : *« Qu'est-ce qui te plaît ? Qu'est-ce que ça t'apporte ? »* Non, seulement vous apprendrez des choses intéressantes, notamment que le héros potentiel d'un « dîner de cons » (voir le film du même nom) ne l'est pas, mais grâce à vous et à vos questions intéressées, il découvrira un aspect de lui-même qui l'enchantera.

Qu'est-ce que ça te fait ?

Quand on s'intéresse aux personnes, tous les sujets de conversation deviennent intéressants. Delphine n'approche pas les joueurs de foot parce qu'elle déteste le sport du même nom. Mais un monde pourrait s'ouvrir si elle demandait à son lecteur de L'Équipe ce qu'il ressent quand il enfile ses chaussures à crampons et entre sur le terrain ! Peut-être même se trouveraient-ils des points communs : le goût pour une activité collective, l'envie de se dépasser, l'anxiété face à la responsabilité de faire perdre ou gagner son équipe…

Ces exemples montrent bien qu'il n'est heureusement pas besoin d'être expert en football pour participer à la conversation. Cherchez à décoller des faits pour vous intéresser à la personne qui en parle. Et vous-mêmes, répondez sur ce registre-là.

Oser dire son sentiment

Car en se situant dans le domaine de la subjectivité, non seulement on peut converser avec tout le monde sans s'ennuyer mais en plus, on échappe à ses hantises :

- *Je vais paraître stupide.*
- *Elle va croire que je suis nul.*
- *Je vais passer pour un dragueur.*
- *Je suis bidon, ils vont s'en rendre compte.*
- *Je vais déranger…*
- *De toute façon, je ne suis pas à la hauteur.*

– Je ne sais pas me faire comprendre. On ne m'écoute jamais !

– Je n'ai aucun intérêt. Je n'ai rien à dire.

Raconter ce que l'on ressent, comment on investit ses domaines de prédilection, quel effet produit sur nous tel ou tel événement… ne peut prêter à aucun jugement. On ne pense rien de quelqu'un qui raconte son vécu : on l'écoute et on lui offre en retour ses impressions.

Nos sentiments, nos émotions sont très utiles à mettre en jeu dans une conversation. En effet, il peut s'avérer très efficace de dévoiler cette partie de soi. Un employeur nous fait par exemple une proposition d'emploi qu'il croit intéressante. Au lieu de fuir en inventant toutes sortes de prétextes fallacieux pour la refuser, mieux vaut dévoiler ses vraies raisons : *« J'aurais sincèrement aimé pouvoir accepter votre proposition mais j'ai besoin de gagner plus d'argent, de travailler en équipe, d'être plus libre de mes horaires »*, etc.

Les choses étant clairement dites, on ne vous en voudra pas. Il se peut même que l'on intègre vos arguments et qu'on en tienne compte en vous proposant un travail et une relation mieux ajustés.

Dans les relations amicales et amoureuses, c'est exactement la même chose. Imaginez une maîtresse de maison vous offrant à boire, à manger… À chaque fois, vous dites « non » mais en vous sentant coupable de faire un si mauvais convive. Tout devient beaucoup plus clair (et acceptable) si vous expliquez : *« Je suis désolée d'avoir à refuser mais j'ai fait pas mal d'excès ces derniers temps. J'essaie de reprendre en main mon hygiène de vie. La prochaine fois, je ferai honneur à votre beau buffet. »*

Rassurer c'est expliquer

N'oublions pas que c'est l'inconnu qui inquiète, de ne pas savoir sur quel pied danser concernant vos refus, votre perte d'appétit. Rassurer, c'est expliquer. Y compris dans une relation qui peut devenir amoureuse. Un jeune homme rencontre une fille sur Internet. Ils se voient. Il est pressant. Elle est distante. Rester dans le flou artistique de sa froideur risque d'entraîner une gêne et ensuite, de la culpabilité, des conflits, un certain malaise des deux côtés.

Par égard pour tout le monde, la jeune fille expliquera qu'elle trouve son compagnon charmant, mais qu'elle n'est pas prête à aller plus loin. Elle sort d'une histoire pénible. Elle y pense encore. Elle peut dire aussi qu'il va beaucoup trop vite pour elle : il parle de « fonder une famille avec une fille bien » quand elle pense juste à passer le temps avec un bon copain.

PLAIDOYER POUR LA VÉRITÉ

La vérité – dite gentiment – est toujours préférable. Sincère, elle passe mieux que les mauvaises raisons, les faux-fuyants, les messages non verbaux forcément négatifs. C'est aussi une manière de balayer les poussières qui pourraient embrumer la suite de la relation. Ainsi éclairé, chacun saura mieux sur quel pied danser.

Variez les effets !

Nous venons de voir l'importance d'être clair dans ses positions mais aussi dans son élocution, ses formulations. Un dialogue de sourds peut s'instaurer pour la seule raison que nous n'aurons pas su nous faire comprendre. Notre clarté dépend aussi de notre élocution, de notre diction. Il faut être à la fois audible et intelligible.

Captez votre auditoire

Pour connaître sa voix et la contrôler, il suffit de s'enregistrer au magnétophone et de se juger en toute objectivité, comme si nous écoutions quelqu'un d'autre. Attaquez votre « bonjour ! » d'une manière ferme et ne laissez pas retomber les fins de phrases. Parlez comme si votre « texte » ne comprenait que des virgules, et pas de points. Cette astuce de radio permet de capter l'attention de son auditoire. Relancez aussi sa vigilance en scandant les phrases, les idées importantes, en séparant les syllabes quand le mot vous semble vraiment im-por-tant.

Parachevez le tout par des mouvements de tête, des gestes explicatifs, sans oublier de temps en temps de laisser un silence en suspens.

Reçu 5 sur 5

Préoccupez-vous, surtout dans le début de la rencontre, d'être reçus 5 sur 5. Sinon, votre interlocuteur hochera la tête, affectera de vous écouter avec attention comme les cancres qui regardent fixement le maître, en pensant à autre chose… C'est à nous de faire l'effort d'intéresser notre vis-à-vis (ce qui est loin d'être gagné) et non le contraire.

Commençons par parler assez fort et assez distinctement, en articulant. Essayons ensuite de rendre notre parole vivante. La solution ? Varier le ton, adapter le volume de la voix au contexte sonore (dedans ou dehors). Évitons de bredouiller et de nous écouter parler. Mais le plus grand risque est d'avoir un débit monotone : il endort autant que la volubilité agace. Un débit moyen agréable pour la conversation est de 130 mots par minute.

Restons modestes…

Claude Villers, voilà des années, confrontait les téléspectateurs à ce qu'ils retenaient d'une émission ou d'un bout de film télévisé. Il était vraiment extraordinaire de constater que nous pouvons être, ensemble, autour d'une table ou devant un écran de télé ou de cinéma, et ne pas retenir du tout les mêmes informations. Certains y voyaient des choses absolument fantaisistes. Rares étaient ceux qui comprenaient la totalité de ce qui était montré. Tout cela pour dire que nous ne devons pas en vouloir à nos interlocuteurs de ne retenir que des bouts de phrases, des bouts d'idées.

MISEZ SUR L'ENTROPIE

L'impact de ce que nous disons a été mesuré. Sur 100 % du message que nous espérons faire passer, nous n'en formulons que 80 %. Notre interlocuteur n'en entend que 60 %, n'en comprend que 40 % et n'est capable d'en

→

> restituer que 20 %. Néanmoins, plus nous apportons d'informations nouvelles, plus nous sommes originaux, inattendus, plus notre message passe. Autrement dit, c'est la qualité entropique d'un message (l'entropie se constituant d'informations inédites) qui en fait la force. Quand vous dites : « *Je lis beaucoup* », c'est plat. « *Un livre par semaine* », voilà qui a du relief...

Relancer l'attention

Vous pouvez aussi vous interpeller, poser une fausse question à laquelle vous répondez vous-même aussitôt : « *Et savez-vous quoi répondre à cela ?* » Ce sont des procédés qui soutiennent et animent la prise de parole, qui la rendent vivante et intéressante. Pas de grands discours en tout cas. Même très préparés, nos propos doivent paraître spontanés. Comme s'ils s'élaboraient au fil de la pensée.

Ayez aussi l'air sincère. Prenez un ton simple et franc. Restez imagé, précis. Allez droit au but ! Sinon, vos interlocuteurs s'impatientent en se demandant où vous voulez en venir. Enfin, méfiez-vous des discussions à bâtons rompues dans lesquelles votre interlocuteur reste muet. Peut-être s'ennuie-t-il déjà !

Et puis, sachez ce que vous voulez. Divisez vos arguments en étapes de discussion (d'où l'intérêt de s'y préparer). Et gardez l'essentiel pour la fin. (Alors, votre interlocuteur est plus attentif : vous ne l'inquiétez plus.) Il retient mieux les phrases de fin que les phrases d'introduction. Pour terminer, souvenons-nous que l'emballage compte, mais que le plus important est ce que vous avez à dire. Précisez-le bien pour vous-même et l'idée sortira facilement : plus claire, plus convaincante.

La méthode AEI

On apprend dans les écoles de management à présenter ses idées très clairement, de manière à les faire passer, en respectant la règle des AEI : **A = affirmer E = expliquer I = illustrer.**

Un exemple : A = J'aime les chats ; E = je les connais bien, j'en ai toujours eu à la maison ; I = Je vis avec trois chats qui portent des noms d'empereurs... Cette méthode permet d'aller droit au but, d'être à la fois clair et intéressant en mêlant les anecdotes aux faits, aux idées.

Des tournures de phrases positives

Souvenez-vous du principe : il faut rassurer ! Or les mots sont d'autant plus rassurants qu'ils sont positifs, affirmatifs et sans ambiguïté. Employez le moins possible de phrases négatives.

Une question de forme

Petit détour si vous le voulez bien par une anecdote personnelle. J'étais interviewée à la radio par une journaliste renommée. À chacune de ses questions, je répondais : « Non, en fait j'ai voulu dire que… » Je ne pensais pas du tout qu'elle était idiote ou qu'elle avait mal lu mon livre. De mon point de vue (étroit, je l'admets), je cherchais à être aussi précise que possible, afin de ne pas induire l'auditeur en erreur.

J'avais raison sur le fond et totalement tort sur la forme. J'aurais dû dire : « Oui, vous avez raison mais… » En quittant le studio, je n'ai pas compris pourquoi la journaliste me battait froid, moi qui avais pourtant si clairement, si précisément exprimé mes idées ! Vous l'aurez compris, mes « non » l'avaient contrariée. Elle ne m'a plus jamais invitée dans son émission.

Évitez de dire non

Dites plutôt : *« Ce serait avec plaisir mais… Je suis bien d'accord avec vous mais je me demande si l'on ne pourrait pas… »,* suivi du conditionnel, moins agressif. J'ai une amie très diplomate (elle est psy) qui s'emploie à ne jamais froisser personne. Elle est extrêmement drôle parce qu'on sait qu'elle n'est pas du tout d'accord, quand elle commence sa phrase par : *« Oui, oui… »* C'est une figure de style qui a son importance parce qu'elle n'agresse pas, ne braque pas.

Les mots aussi font bonne ou mauvaise impression, même si – au fond – ils signifient la même chose. Tournez autrement certaines formules de politesse. Au lieu de *« Vous ne pensez pas que… »,* préférez dire : *« J'aimerais savoir ce que vous en pensez. »* Évitez aussi les mots pesants, graves, tels que problème, danger, risque, peur, crainte. *« Ce ne sont que des détails »,* me direz-vous. Oui mais ces détails, mis bout à bout, donnent un style. Or le style, c'est l'homme… ou la femme.

À proscrire encore les expressions du doute et de la modestie. On s'aperçoit qu'elles ne passent pas du tout en faisant de la télévision. Toute hésitation, tout pseudo-embarras créent un malaise communicatif sur le téléspectateur. Il ne le prend pas pour un jeu visant à se donner une contenance ou à introduire du suspense, mais pour de l'incompétence qui l'embarrasse.

Le choix des mots

Certes, il faut éviter de prendre un ton péremptoire et d'asséner ses avis, ses connaissances. Mais ne tombons pas dans le défaut inverse, qui consiste à « rapetisser ».

• Bannissons ces expressions qui minimisent « Vous reprendrez bien un petit quelque chose » qui dévalorise celui qui offre et celui qui reçoit. « Un peu de votre temps » parce que ce temps-là a de l'importance. Ou même « Votre petite famille », parce que la famille, c'est sacré.

• Et puis il y a ces expressions qui ne rassurent pas. On peut même dire qu'elles éveillent la méfiance, surtout dans la bouche d'un homme politique : « Franchement, honnêtement » ou encore plus direct : « Faites-moi confiance… » La franchise, l'honnêteté, la confiance devraient aller de soi, alors pourquoi préciser ?

Personnalisez vos compliments

Les compliments jouent un rôle majeur dans les relations humaines. Nous avons tous besoin d'être gratifiés, reconnus, remerciés. D'où l'importance de l'écoute active et donc gratifiante, d'où l'importance des compliments. D'ailleurs, pour certaines personnes, la gratification est vitale. Pour les faire « démarrer », il faut commencer par leur dire qu'elles sont belles, gentilles, adorables, très compétentes. Sinon, rien. Elles ne « fonctionnent » pas. Elles s'installent dans la neutralité, la passivité. Elles vivent au ralenti. Si vous faites partie de ces accros du merci, devenez un peu moins dépendant en vous gratifiant vous-même. Longtemps, j'ai gardé dans mes tiroirs, une chemise intitulée « satisfecit » dans laquelle je conservais les lettres, les mails élogieux sur mon travail, ma personne. Il me suffisait d'aller y piocher pour redoper mon ego défaillant. Une astuce qui me rendait moins dépendante des gratifications ?

Tu es… parfaite !

J'ai la chance de faire du vélo chaque dimanche matin avec un homme adorable. On ne peut pas être plus positif que lui. En une heure de pédalage, il vous donne la pêche pour des semaines. Et quelle gentillesse, quelle… perspicacité ! En effet, à l'entendre, je suis vraiment une femme géniale. Forcément, je ne demande qu'à le croire, sauf que…

« Tu es parfaite ! » La première fois qu'il m'a dit ça, j'ai grandi de dix centimètres. Comme s'il existait un avant et un après ce compliment d'exception. Avant, j'étais comme tout le monde. Après, j'étais nettement mieux que tout le monde, puisque je réussissais l'exploit d'avoir zéro défaut, bon partout, maintenant et à jamais, car le compliment est une sorte de pilule narcissique à effet prolongé.

Hélas, au deuxième « tu es parfaite ! », l'effet psychologique a été plus soft. Au troisième, je me suis demandé s'il le pensait vraiment. Au quatrième, j'ai compris que c'était un compliment passe-partout. Au cinquième, j'en suis arrivée à me demander si ses autres compliments étaient sincères. S'il en avait prononcé un sixième, mon orgueil piqué au vif aurait envoyé sur un petit ton vexé et pincé : « Oui, parfaite comme toutes les femmes que tu rencontres. »

Que nous apprend cette anecdote ? D'abord que nous avons une (très humaine) tendance à croire les compliments qu'on nous adresse. Même s'ils sont excessifs. Si vous pensez qu'en gratifiant, on vous prendra pour un flatteur, détrompez-vous. Nous nous trouvons plus intéressants, plus beaux, plus intelligents que nous ne le sommes peut-être. Nous nous voyons avec « les yeux de l'amour » constatait une dame, horrifiée de se voir en photo. Elle s'imaginait beaucoup plus belle qu'elle n'était. De même, nous avons souvent une assez (trop ?) bonne opinion de nous-mêmes (même vous les timides).

Un bon compliment est léger pas rabâché.
Et personnalisé, « unique » comme celui qui le reçoit.

Humains, trop humains, nous sommes multiples, inégaux mais heureusement pour nous, nous ne nous souvenons que du meilleur. Si bien que les compliments paraissent toujours vrais. Cette anecdote nous apprend ensuite que trop de compliments tuent le compliment. Une fois ça va. Deux fois, ça va toujours. Vingt fois, on devient parano, soupçonneux.

Deux façons de viser juste. La première consiste à valoriser ce que le complimenté a tenté de mettre en valeur : le brushing quand il sort de chez le coiffeur, l'élégance particulièrement recherchée, l'art de recevoir quand, manifestement, on s'est donné un mal fou pour mettre les petits plats dans les grands ou le soin avec lequel ce dossier est présenté, etc. La seconde consiste à mettre en valeur un aspect de lui-même qu'il ignorait ou qu'il n'avait, en tout cas, jamais verbalisé.

Ce genre de compliment est plus risqué parce qu'il ne porte pas sur les faits (le soin apporté à une tâche) mais sur l'idée que l'on se fait de la personne.

On dira par exemple : « *J'adore votre humour.* » Mais attention, c'est adorable si vous le pensez. Sinon, c'est une vacherie.

L'art du compliment

→ **Pas de fausse modestie.** Faites un compliment avec politesse, simplicité, franchise, sans pour autant vous rabaisser ! Ne dites pas : « *Toi, tu es génial, c'est pas comme moi !* » On croirait que le compliment est un prétexte pour tirer la couverture à vous.

→ **Ne faites que des compliments sincères.** Les clichés, la basse flatterie, les encouragements paternalistes respirent l'hypocrisie. Seul un compliment sincère élève la relation à un niveau plus amical et renforce la confiance.

→ **Évitez les mots banals** comme « *Super ! Bravo ! C'est top !* », etc. Dites plutôt : « *Le vert met tes cheveux en valeur. Votre argumentation est très convaincante.* » La bonne idée consiste aussi à vous impliquer dans le compliment, qui en devient imparable : « *Ce qui est merveilleux avec vous, c'est qu'on se sent intelligent !* »

→ **Sachez les recevoir** en disant simplement : « *Merci beaucoup c'est très gentil* », accompagné d'un sourire charmant.

6

Mieux cerner son interlocuteur

Au cours d'une conversation, nous sommes tous de véritables caisses enregistreuses. De notre interlocuteur, nous remarquons l'âge, la taille, la silhouette, la couleur des cheveux, des yeux, son milieu social, ses vêtements, sa façon de parler, de se tenir, son bouton sur le nez et son tic de langage…

Nous pouvons faire encore mieux en engrangeant d'autres informations qui s'avéreront très utiles pour nous mettre plus en phase avec lui. Chaque détail donne des informations particulières. Le look, le choix des vêtements, indiquent comment chacun se situe, socialement parlant. Le ton de voix indique le degré d'implication dans la conversation. À observer aussi, le canal de préférence : nos interlocuteurs sont-ils plutôt visuels, auditifs ou kinesthésiques ?

L'Analyse Transactionnelle nous apprend que, selon les moments, nous nous exprimons comme un enfant, comme un parent ou avec toute la raison d'un adulte. Évidemment, pour éviter les dialogues de sourds, il importe de s'ajuster à ces « États du Moi ». Enfin, nos partenaires ont une personnalité particulière. Certains sont extravertis, d'autres très affectifs, d'autres encore très réservés. Observons-les pour leur offrir la relation qui convient.

Le look attire l'attention sur…

Dès les premières minutes de la rencontre, cet aspect-là saute aux yeux mais que révèle-t-il ? Quand le look est conforme au sexe, à l'âge, au milieu social, il indique une bonne adaptation à l'époque, à la situation. Le préjugé est favorable. Un look « moyen » rassure. Il ne heurte pas, ne déroute pas, n'inquiète pas. On sait à peu près où mettre les pieds. Choix des vêtements, maquillage, bijoux, coiffure, accessoires indiquent comment nous nous positionnons socialement, les uns par rapport aux autres.

Une personnalité entre parenthèses

Leur look les met en « dévaleur ». Ce sont par exemple les adolescents mal dans leur peau, cachant leur corps sous des vêtements sombres et amples ou des personnes qui ne prennent aucun soin de leur apparence. Si vous découvrez un collègue qui semble dans ce cas, soyez quasiment certain qu'il (ou elle) se sent mis(e) sur la touche.

Les responsabilités, la valeur montante de l'entreprise ne sont sûrement pas de son côté. Misez plutôt sur le look dynamique de son voisin de bureau.

Plus couramment, nous aurons affaire à des anxieux qui ne peuvent pas « tout faire à la fois » : porter attention à eux-mêmes et à tout le reste, qui les prend à la gorge. Ils se négligent… en ce moment. Ce sont par exemple les jeunes mères de famille débordées par le ménage, le travail, les jeunes enfants. Cool ! Les anxieux ont besoin d'évoluer dans un climat paisible. Pour eux, pour nous, dans le temps du premier contact, tout va bien.

À VALORISER... AVEC DES PINCETTES

Ces looks tristes, ternes, pas nets disent qu'il se sent exclu socialement, professionnellement. En général, ce sont des gens qui ne s'estiment pas ou plus. Ils ont besoin d'être valorisés, encouragés, soutenus, appréciés mais discrètement. Certains ont une si mauvaise opinion d'eux-mêmes qu'ils jugent suspecte toute appréciation positive sur leurs actes et/ou leur personnalité.

Le désordre vestimentaire est un signe de désordre intérieur à apaiser. Il témoigne presque toujours d'une désadaptation générale ou partielle. Trop habillé, pas assez habillé, l'invité ne se sent pas à sa place. Il ignore les codes du milieu, du lieu, du moment. Il ne joue pas le jeu pour toutes sortes de raisons possibles. Il peut chercher à se mettre en échec. Ou exprimer ainsi son opposition. Il se fait du mal ou veut en faire.

Un trop grand retard sur la mode est plutôt un révélateur d'inhibition. Tout se passe comme si les démodés ne voyaient pas la société évoluer, ne sentaient pas le temps passer. Souvent, c'est un déficit de vie. Quant à la saleté, ce n'est plus seulement un signe de déprime mais d'autodestruction. Il sera difficile de communiquer.

Une personnalité excessive

Ils ont une tenue frappante qui en fait trop. Pensons à Brigitte Fontaine, cette chanteuse d'une soixantaine d'années – aux cheveux très courts coiffés en deux petites couettes –, qui glisse son corps d'adolescente dégingandée dans des combinaisons rose bonbon. Qu'en déduire ? Un, qu'elle veut attirer l'attention et qu'on lui parle d'elle. Deux, qu'elle tient à se démarquer des gens dits « normaux ». Son côté artiste peut-être. Trois, qu'il n'est pas question de lui donner son âge. Conclusion, ne la traitons pas comme une personne banale : elle serait déçue. Ne faisons pas non plus comme si elle était habillée, coiffée normalement : elle fait tout pour qu'on la distingue et l'étiquette « foldingue » ne doit pas lui déplaire. Il se peut même qu'elle en joue, pour provoquer. Bref, elle se positionne comme étant exceptionnelle. À prendre et à considérer comme telle…

La totalité du look de Brigitte Fontaine relève de l'excès. Plus couramment, certaines personnes se démarquent par un excès partiel. On pourrait le (ou la) juger trop élégant(e), trop sexy, trop classique.

Ces caractéristiques vestimentaires sont accentuées pour mettre en avant le trait de personnalité correspondant. Imaginons un homme habillé comme un pasteur. Il veut signifier qu'il est un homme droit, honnête, rigoureux, sans aucune fantaisie. Une femme vêtue dans des vêtements moulants, décolletés, maquillée « comme une voiture volée », trop parfumée, exprime exactement le contraire. Elle insiste sur son côté sexy. « Vraie » femme, elle souhaite qu'on la trouve désirable et qu'on la regarde comme telle.

Nos vêtements nous racontent

Ainsi, l'homme richement vêtu montre qu'il est riche. L'homme élégant qu'il a de la classe. La trentenaire sans maquillage – avec queue de cheval et manteau de lapin –, qu'elle n'a pas grandi. Quel qu'en soit le style, ces accentuations vestimentaires donnent de précieuses indications. Elles nous disent sur quelle longueur d'ondes nous brancher. Avec le pasteur, pas de fantaisie. Avec la femme sexy, des rapports de séduction. Avec la sportive : diététique, gym et vive le concret ! Et puis, il est des hommes et des femmes qui mélangent les genres. On ne saurait vraiment les définir. C'est qu'ils sont inclassables et vous savez quoi ? Ils sont très contents qu'on le leur dise, mais toujours à demi-mot et avec prudence car l'habit ne fait pas forcément le moi.

À partir des vêtements, on peut avoir une idée de la personne. C'est un point de départ comme un autre. Mais surtout, restons ouverts. Gardons à l'esprit que nous pouvons nous tromper. Dans le premier contact, on a le plaisir de juger sans savoir. Les idées préconçues rassurent. On s'y accroche. On en rajoute.

N'ayons pas de complexes à évaluer les gens sur leur mine. On ne peut pas faire autrement. L'erreur serait d'en rester là.

Traitons nos idées toutes faites non pas comme des vérités, mais comme des réflexes de pensées hérités de l'éducation ou de l'expérience des rencontres passées (*« Depuis François je ne supporte pas les roux ! »*). L'un des grands plaisirs de la rencontre est aussi d'avoir tort et de se détromper. De savoir rester ouvert à ses propres erreurs parce que, eh oui, on peut être une très belle fille blonde ET très intelligente et fidèle et gentille. Pas de quoi faire trembler les hommes, ni s'enfuir sous prétexte que « trop belle ou trop bête pour moi ».

La voix dit le degré d'implication

La voix est un excellent indicateur –autant que les postures et les mimiques– des émotions, des humeurs. Quand un acteur lit un texte de différentes manières, on perçoit immédiatement le caractère de son personnage aux intonations qu'il lui prête. Nous opérons ce genre de décodage au téléphone par exemple. Dès qu'il répond, nous savons si notre correspondant est joyeux, en colère, pressé…

La tonalité générale de la voix renseigne mais on peut tenir compte, encore plus finement, de trois facteurs :

– sa hauteur (aiguë ou grave),

– son volume (fort ou faible),
– son rythme (modulé ou atone).

Car ils sont caractéristiques, à la fois de la personnalité et de la manière dont se vivent la rencontre et la situation.

Attentif ou pas encore...

Cet homme (cette femme) qui nous parle est-il intéressé par cet entretien ou bien nous parle-t-il mécaniquement « parce que ça se fait » ? Quel prix attache-t-il à ses propos ? A-t-il envie de poursuivre l'échange ? Le ton et le rythme de la voix révèlent le degré d'implication : son enthousiasme, son énergie, sa passion, son indifférence, sa mollesse, son intérêt conventionnel...

> **Il arrive qu'un mot, une syllabe, s'évade dans les aigus au cours d'un examen, d'un entretien d'embauche, lors d'une rencontre amoureuse. Évidemment, c'est le signe d'un excès d'émotion.**

Une oreille entraînée sait dire, dès les premières minutes, si l'interlocuteur est déjà impliqué ou pas encore tout à fait présent, s'il est sincère ou un peu faux, s'il pense ce qu'il raconte ou s'il parle pour parler. Ces indications sont précieuses pour orienter la rencontre. Faut-il approfondir le sujet ou en changer, attirer son attention ou le laisser finir, lui poser une question ou dire quelque chose de soi ?

Celui qui s'en étrangle est terriblement concerné par la personne et la situation. Mais c'est une émotion qui le bloque, le rend indisponible pour le contact. Il suffit en général de quelques secondes pour que la gêne disparaisse. Si la voix reste haut perchée, le malaise ne se dissipe pas. Alors, il faut tout faire pour rassurer, complimenter, encourager…

Le volume adapté ou pas

Une voix trop forte ou trop faible trahit une tension et une mauvaise adaptation à la situation.

→ **Trop fort.** Celui qui parle ainsi souhaite dominer, l'emporter, convaincre. Il en rajoute parce qu'il n'est pas sûr de lui, pas certain de parvenir à ses fins. Cela prouve aussi qu'il est inattentif aux signaux que nous émettons. Tout se passe pour l'instant entre lui et lui : il n'est pas encore dans le coup de la conversation, pas encore stratège, juste inquiet.

→ **Trop faible.** Cela signifie que les « tripes » ne sont pas encore mobilisées. Il peut s'agir d'un simple trait de caractère, d'une tendance à l'inhibition. À moins que la personne ne se sente pas vraiment concernée. En ce cas, pourquoi ferait-elle l'effort d'être entendue ? Intéressez-la, changez de conversation, trouvez un sujet dans lequel elle se sentira plus à l'aise.

Voix chaude ou glaciale ?

→ **Vivante.** Quand le rythme est vif, modulé, impliqué, avide de contact et d'échange, c'est celui d'une rencontre attendue, d'un employeur très satisfait, d'une amoureuse pressée de se raconter et d'écouter, de quelqu'un qui est très impatient de vous connaître… Une voix intéressée vibre et palpite.

→ **Monocorde.** Quand le débit est lent, hésitant, le désir de communication n'est pas vraiment là, c'est pourquoi les mots sortent si difficilement. Est-ce le signe d'un repli sur soi, d'une rupture avec le réel et avec les autres ?

En tout cas, cette personne ne va pas bien. À moins qu'elle refuse tout simplement le contact ou qu'elle se sente (ou se veuille) en retrait, sur la touche. À moins que ce soit son travail par exemple qui la concerne peu : cette voix mécanique et froide est celle des vendeurs par téléphone qui cherchent à caser – sans y croire vraiment – un système d'isolation pour portes et fenêtres.

**Face à une voix glaciale, soyez impliqué pour deux.
Montrez que vous aimez, que vous vibrez
et l'on vous imitera... peut-être.**

Visuel, auditif ou kinesthésique ?

Pour expliquer que le courant passe ou ne passe pas avec quelqu'un, nous employons un vocabulaire sensoriel se référant à l'ouïe, à la vue, à l'odorat, parce que la perception sensorielle est à l'origine de ce que nous éprouvons et pensons, y compris dans nos relations avec les autres.

Or nous nous entendons bien avec ceux qui parlent le même langage sensoriel que nous : on les comprend, ils nous comprennent. Avec d'autres en revanche, c'est l'incompréhension totale. On a beau faire, on ne « capte » pas bien leurs pensées, et réciproquement : ils nous regardent avec des yeux ronds, comme si nous venions d'une autre planète. Ce qui n'est pas tout à fait faux.

Les trois approches sensorielles

Pour nous mettre en phase avec ces « extraterrestres », référons-nous aux fondateurs de la PNL (programmation neurolinguistique). Dans les années 1970, ils ont découvert que l'on pouvait classer les gens selon leur approche sensorielle du monde et les répartir en trois catégories :

– les visuels (représentant 55 % des gens),
– les auditifs (15 %),
– les kinesthésiques (30 %).

Nous sommes tous un peu les trois, mais chacun privilégie, parfois très nettement, l'une de ces approches. Ce qui explique les complicités immédiates *(« On sent les choses de la même façon »,* diront deux kinesthésiques) et les dialogues de sourds quand l'un est très visuel par exemple et l'autre si peu.

Pour cerner un peu mieux ces trois catégories, imaginons trois étudiants revenant d'un concert de rock. Le visuel est plutôt descriptif : *« Tu aurais vu le chanteur dégoulinant de sueur dans son blouson de cuir rouge. Il sautait sur place en hurlant ! »* L'auditif est plus sensible aux effets sonores et acoustiques : *« Tout le monde chantait. La sono hurlait. Une musique de dingue. Tu aurais dû entendre ça ! »* Le kinesthésique parlera plutôt de son ressenti : *« C'était très fort d'être tous serrés les uns contre les autres. Quand il est entré sur scène, nous nous sommes tous levés dans un moment d'exaltation pas possible. C'était génial ! »*

Le visuel approche le monde (et le raconte) par ce qui se voit.
L'auditif par ce qui s'entend.
Le kinesthésique par ce qui se ressent.

Quand deux visuels se rencontrent, ils se sentent en terrain connu car ils « voient » les choses de la même façon. Ils ne sont pas forcément d'accord, mais ils peuvent comprendre leurs arguments réciproques, puisqu'ils parlent le même langage. Et avec les autres, ceux qui ne sont pas comme nous, sensoriellement parlant ? Tout l'art consiste à se brancher sur leur longueur d'ondes, à être plus visuel avec l'un, plus auditif avec l'autre. Devenons « trilingue » pour mieux voir, mieux entendre et mieux nous faire comprendre.

Les caractéristiques des « visuels »

→ **Plutôt élégants.** Ils sont très sensibles aux apparences. Ils aspirent à être propres et soignés. Ils aiment s'entourer de beau. Pour clarifier leur pensée, ils ont besoin de visualiser les choses. Ils pensent en images. Cette aptitude en fait des orateurs et des décideurs rapides (les images leur viennent plus facilement à l'esprit).

→ **Souvent leaders.** Parce qu'ils « voient exactement comment les choses doivent être faites », on les trouve, professionnellement, à des postes où il faut réagir rapidement, selon des procédures précises (ils aiment aussi contrôler la situation).

→ **Ils parlent vite.** Ils ont tendance à raconter ce qu'ils ont vu. Leur vocabulaire renvoie à des images visuelles. Ils évoquent leur manière « d'envisager les choses », la « bonne façon de voir ». Ils « vont voir ce qu'ils peuvent faire » ou possèdent une « assez bonne vision des choses ». Dans cette « optique », ne vous étonnez pas s'ils sortent un papier et un crayon pour vous faire un dessin !

Comment leur parler ?

Les visuels regardent en général dans les yeux et attendent qu'on en fasse autant. Pour savoir qui est plutôt visuel, commencez par vous intéresser aux animateurs de télévision. Puis entraînez-vous à utiliser les mêmes métaphores, truffez vos phrases de couleurs et d'images : « Soyez à la hauteur », devenez un personnage « haut en couleur », ne restez pas « dans le flou »…

Les caractéristiques des « auditifs »

→ **Regarder ailleurs.** En effet, ils ont tendance à ne pas vous regarder dans les yeux mais à tendre l'oreille (ce qui énervera les visuels). Leur voix est mélodieuse, sensible, persuasive et expressive. Ils font moins de gestes que les visuels. Ils sont aussi moins élégants (en fait, leur goût est souvent contestable) et moins confortablement vêtus que les kinesthésiques.

→ **Aimer converser.** En employant des phrases bien balancées commençant par : *« Quand on ouvre les oreilles… Si je vous entends bien… »* Ils sont très faciles à repérer par leur vocabulaire composé de métaphores auditives : *« Écoutez bien ce que je vais vous dire, avoir de l'oreille, être à l'écoute, j'ai déjà entendu ça quelque part, façon de parler, un tonnerre d'applaudissements, le même son de cloche »*, etc.

Comment leur plaire ?

Les auditifs s'expriment de façon harmonieuse et variée. Ils aiment les mots qui tombent juste. Pour leur plaire, travaillez votre voix et donnez-lui un ton très agréable

→

car pour eux, plus que pour les autres, vos intonations traduisent vos intentions.

Les caractéristiques des « kinesthésiques »

→ **Un grand sens tactile.** Physiquement, ils sont souvent plus ronds que la moyenne, plus sensibles et sensuels. On les reconnaîtra au fait qu'ils se passent la main dans les cheveux, se caressent le bras ou la cuisse (ou la barbe ou la moustache). On les retrouve dans ces métiers où le toucher occupe une certaine place. Ils aiment aussi que les choses soient solides, bien construites. Ils sont charpentiers, kiné, médecins, etc.

→ **Une élocution laborieuse.** Ils parlent assez lentement car il est plus difficile de décrire un sentiment, une émotion que de voir jaillir une image ou d'entendre un son. Ils se perdent parfois dans une foule de détails et de digressions donnant envie de les supplier d'en venir aux faits.

→ **Une certaine pudeur.** Parfois, ils sont pudiques et réservés (on peut même les trouver timides au premier contact) car leur manière d'être les engage à se dévoiler pour communiquer. D'où leurs réticences avec des étrangers.

→ **Des formules touchantes.** Les mots qu'ils choisissent se rapportent au corps, aux sensations. Ils parlent de « se laisser envahir par ses émotions, surmonter les obstacles, prendre contact ». Ils disent : « J'ai du mal à vous suivre, s'en mettre plein les poches, tirer les ficelles, prendre le problème à bras-le-corps, laissez tomber, ne bougez pas d'ici », etc. Ils utilisent des mots concrets et touchants, s'adressant à la sensibilité.

COMMENT LES SÉDUIRE ?

Les kinesthésiques aiment parler des émotions et des sentiments, les leurs et ceux des autres. Ils retiennent ce qui est dit par les mimiques, les mouvements qui accompagnent ces confidences. Face à eux, soyez mobiles, expressifs, personnels et touchants.

Les apports de l'Analyse Transactionnelle

Pour Éric Berne, l'inventeur de l'Analyse Transactionnelle, le bonheur repose sur cinq « savoirs » :

- savoir donner,
- savoir recevoir,
- savoir demander,
- savoir refuser,
- savoir se donner à soi-même.

Expert en communication, il s'est attaché à expliquer pourquoi certains échanges entre les gens – les « transactions » – se déroulent tantôt, bien tantôt mal. Pour les analyser, il s'est appuyé sur les trois États du Moi qui composent notre personnalité.

Le Moi Enfant s'installe dans l'enfance mais s'exprime toute la vie. Le Moi Parent, acquis *via* nos parents par l'éducation, décrète que ceci est bien ou mal. Le Moi Adulte, plein de sagesse et de raison, fait la part des choses.

Le Moi Enfant : égocentrique et « vivant »

→ C'est la partie la plus ludique, la plus intuitive, la plus drôle, la plus créative, la plus indisciplinée de notre person-

nalité. Elle est centrée sur nos sentiments, nos émotions. Quand nous sommes dans l'état enfant, nous cherchons à attirer l'attention en faisant bien (pour obtenir des félicitations, des encouragements, une permission, etc.). Ou en faisant mal pour qu'on nous donne des ordres, des directives, des punitions, des limites. C'est le cas lorsque nous sabotons un travail, une relation ou encore quand nous sommes trop soumis, incapables de dire non.

→ **On reconnaît le Moi Enfant à ses postures, ses mimiques, ses bouderies, ses colères.** Il s'exprime parfois par des pensées secrètes :

– *Tous des nuls !*
– *Qu'est-ce que je m'ennuie !*
– *Ça me donne envie de partir…*

→ **Essayez de repérer le Moi Enfant chez les autres et chez vous.** Il peut s'exprimer de manière récurrente, si vous vous prenez souvent pour une victime par exemple. Dans certaines situations, notre Moi Enfant réagit toujours de la même manière. On parle alors de « scénarios de vie ».

Les trois parties du Moi Enfant

L'enfant adapté (soumis) essaie de se faire bien voir. Il est gentil. Il évite le conflit. Il se soucie des autres, les met en valeur. C'est le Bon Samaritain qui écoute et soutient. Il est suradapté. Il n'aime pas imposer, froisser, diriger. Naturellement, il ne sait pas dire « non » !

L'enfant rebelle (opposant) ne tient pas en place. Il est vite oppressé. Il se sent incapable d'entrer dans un moule. Il commence par dire non pour exister. Il a l'esprit

→

de contradiction. Le rebelle en nous aime s'opposer aux règles. Il peut bouder, rouspéter, claquer les portes. Il déteste qu'on lui colle des étiquettes sur le dos. C'est un créatif. Il faut lui ménager des moments où il puisse faire le fou…

L'enfant libre (indépendant). Il est direct, intuitif, curieux, impulsif. Il exprime ses émotions telles qu'elles se présentent. Il choisit des activités indépendantes. Il n'aime pas se plier aux règles, aux horaires. Il peut lui arriver d'être en retard… Il ne déteste pas les groupes, mais il préfère la solitude. Souvent, dans les groupes, il a la tête ailleurs. Il peut être merveilleux, s'il est bien entouré, conseillé et si on lui laisse suffisamment de bride sur le cou.

Le Moi Parent : responsable et organisé

C'est la partie de nous-mêmes qui a conscience du bien et du mal. Celle qui juge, qui punit, qui a des opinions, des valeurs, des idées sur ce qui est « normal » et sur ce qui ne l'est pas. S'y ajoutent les convictions morales, politiques, religieuses.

Les deux parties du Moi Parent

Le Moi Parent normatif ou autoritaire s'exprime par des intonations, des mimiques sévères qui critiquent, condamnent, désapprouvent, méprisent, ordonnent. C'est la partie du Moi la plus agressive, celle qui commande, sait, régente. Comme toutes les parties du Moi, cette facette peut être utilisée de manière positive ou négative, en faveur de l'harmonie ou du conflit. On pourrait dire que toutes les phrases du parent normatif

→

se terminent par un point d'exclamation, que ce soit pour juger (« Quel ton ! ») ou pour ordonner (« Fais-moi ça tout de suite ! »).

Le Moi Parent nourricier adore protéger, encourager, apprécier, soutenir, positiver, réconforter... C'est un diplomate-né qui met de l'huile dans les rouages. À l'extrême, il peut même se voir comme un sauveur. Parfois, il tient absolument à faire le bonheur des autres, malgré eux.

Le Moi Adulte : objectif et rationnel

Il met ses émotions de côté pour prendre des décisions logiques. Ce n'est pas la machine froide et impersonnelle que l'on décrit parfois. En fait, il essaie de prendre en compte tous les paramètres. S'il est détaché, c'est pour échapper aux émois de l'enfant et aux réflexes du parent. Plein de sagesse et de maturité, il cherche à savoir, à comprendre « vraiment », en pesant le pour et le contre. Il sait aussi revenir sur un jugement, une décision hâtive.

> **D'un moment à l'autre, nous pouvons changer d'état et passer de l'enfant rebelle – décidant de ne pas faire ce qu'on lui demande – au parent normatif estimant que ce chef est un mauvais dirigeant, au Moi Adulte acceptant la mission que ce même chef lui confie.**

Néanmoins, chacun de nous possède un État du Moi dominant. Vous avez une bonne écoute, vous êtes sans doute un parent nourricier. On vous juge « donneur de leçon » vous êtes plutôt un parent normatif. Si votre gentillesse est réputée, vous êtes un enfant adapté. Et si on vous demande souvent conseil, vous semblez assez fréquemment dans votre Moi Adulte, etc.

Mettre en phase nos « transactions »

Mais comment tenir compte de ces États du Moi dans la communication, au cours des « transactions sociales » dont parle l'Analyse Transactionnelle ? Nos États du Moi communiquent avec les États du Moi de nos interlocuteurs. Un exemple : un collègue propose sur un ton joyeux :

– *Tu viens prendre un café à la cafet' sinon tu vas prendre racine à bosser comme ça !* (Enfant)

Vous pouvez répondre :

– *Super ! J'arrive !* (Enfant)

– *Un café ? Si tu crois que je n'ai que ça à faire !* (Parent)

– *Maintenant, je ne peux pas mais je termine ce que je suis en train de faire et j'arrive ! »* (Adulte)

On voit bien dans l'exemple précédent que la réponse la plus agréable est *« Super ! J'arrive ! »* car deux États du Moi Enfant se répondent.

UN BESOIN DE COMPLÉMENTARITÉ

L'idéal pour être en phase ? Que les transactions soient « complémentaires ». C'est-à-dire que nous répondions ton sur ton en nous branchant sur les mêmes États du Moi que nos partenaires. Une transaction complémentaire est satisfaisante pour tout le monde car chacun y trouve la confirmation de soi-même.

Exemples de transactions réussies

→ Entre 2 Moi Parent nourricier

– Tu es encore plus jolie qu'en photo.

– J'allais dire exactement la même chose de toi : tu es super beau. »

→ Entre 2 Moi Parent normatif

– Non mais vous avez vu, encore des grèves dans le public.

– Et comme d'habitude, le gouvernement ne fait rien ! »

→ Entre 2 Moi Adulte

– Il fait froid aujourd'hui, c'est le moment de sortir les doudounes.

– C'était prévisible, avec cette vague de froid sur l'Est. »

Repérer les affectifs

Pour cerner son interlocuteur, on observera aussi son style de personnalité. Les affectifs sont ronds, chaleureux, souriants, gentils. Vous n'aurez pas de gros efforts à fournir pour aller vers eux : ils aiment la compagnie. Si c'est une femme, elle a passé du temps à se pomponner. Si c'est un homme, il est parfumé, vêtu avec soin. À moins qu'il ait un look à fleur de peau, façon écorché vif, à la manière du chanteur Renaud. Si votre premier rendez-vous a lieu chez un affectif, vous y verrez des photos de gens aimés, des objets rappelant des souvenirs, des moments agréables. Les couleurs sont chaudes, l'ensemble assez ordonné malgré parfois un côté bonbonnière !

J'aime qu'on m'aime…

→ **Les affectifs sont des tendres, des sensibles.** Leur primauté va à l'humain. La réussite, le boulot, l'argent, les voyages… oui, mais seulement « avec des gens sympas », quitte à gagner moins. Leur credo ? « Sans amour, sans amitié, rien ne vaut la peine d'être vécu. » Vous le trouverez rarement parmi les chefs. L'exercice du pouvoir, la hiérarchie ne les intéressent pas. Ils s'adressent à vous de personne à personne, indépendamment de votre position sociale ou de votre fortune.

Le relationnel compte tellement pour eux qu'ils travaillent rarement en solitaire tant ils aiment être au cœur d'une équipe et que tout le monde s'entende bien (d'ailleurs une équipe conflictuelle manque de personnalités affectives pour la réguler).

→ **Les affectifs sont des négociateurs-nés !** Les querelles, les rivalités, les mauvaises ambiances leur sapent le moral. Hypersensibles, ils craquent au premier conflit et multiplient alors les erreurs, ce qui amplifie encore leur désarroi. En cas de crise, ils ont besoin d'être rassurés. Préoccupez-vous de leur douleur, de leurs problèmes, de leurs humeurs et parlez-en longuement. Le contact sera établi (ou rétabli) par l'affection. Ils détestent les relations trop sèches, trop professionnelles, trop superficielles : la drague sans sincérité des baratineurs, les poses de séductrices, la sécheresse de cœur d'un patron trop efficace, leur seront insupportables. Avec eux, pas de problème de communication si on sait s'y prendre.

Il faut se montrer ouvert, accueillant, chaleureux, sous son meilleur jour humainement parlant car c'est à cela qu'ils sont sensibles. Ils n'aiment pas trop les choses guindées, les jugements, la vacherie. Ne dites pas du mal des autres devant eux. Ne raisonnez pas ! Ils se rétractent dès que les sujets deviennent trop abstraits, trop intellectuels. Ne leur parlez pas non plus de projets, d'objets, de technique mais des gens, d'eux, de vous.

De la douceur avant tout

• **Sortez vite des généralités** pour entrer dans cette zone de l'intime où ils se sentent bien. Trop de distance les inquiète. Ils ont besoin d'affection, de tendresse, d'encouragements, de félicitations (leur Moi Enfant ?). Avec eux, il faut être extrêmement doux, choisir ses mots avec soin (pour ne pas les blesser, ni froisser leur grande susceptibilité).

• **Leurs besoins sont assez simples : aimer et être aimé.** S'ils ne l'obtiennent pas, ils sont malheureux. Il est facile de les mettre dans sa poche avec des mots gentils, des marques d'attention. Quand ils se sentent aimés, ils sont adorables. Leur bonheur ? Faire plaisir.

Réservez-leur (plus encore qu'aux autres), un accueil souriant et personnalisé. En ce cas, ils chercheront à installer une relation d'amitié, dès le premier contact, et auront bien du mal à vous quitter.

Lors d'un rendez-vous amoureux, un petit mot gentil vaut mieux qu'un long discours, un bouquet de fleurs mieux qu'une grande théorie.

Les « muets » : à ne pas brusquer !

Réservés ou misanthropes, taciturnes, méditatifs ? En tout cas, ils ne sont pas « liants », pas bavards. Dans l'entreprise, ils sont à l'écart ou travaillent en indépendant comme artisan, consultant, paysagiste, etc. Leurs activités préférées pourraient être la méditation et l'écriture.

→ **Leur souhait profond ? Qu'on les laisse vivre à leur rythme.** Les trépidations de la vie moderne, l'ostentation, les apparences ne leur conviennent pas du tout : les hommes ont une barbe de trois jours, les femmes se moquent de la mode et plus encore du maquillage. Elles s'habillent avec des fringues choisies pour leur côté « pratique ».

→ **Le look n'est pas leur truc, le contact non plus.** Vous connaissez les personnages interprétés par Jean-Pierre Bacri ? Eh bien, ils vous voient venir avec à peu près le même enthousiasme, même s'ils affichent un sourire de principe. Pour les affectifs, souhaitant qu'on les « aime vraiment », c'est glaçant ! De même que l'endroit où vivent ces spartiates : froid, peu de décoration, du fonctionnel surtout !

Tout le contraire des autres

De ce fait, ne comptez pas sur eux pour venir vous parler. Dans les groupes, ils se taisent. Ce mutisme ne signifie pas qu'ils s'ennuient ou qu'ils sont malheureux, non, ce sont plutôt des gens de l'ombre dont la vie intérieure est intense. Ils se méfient des émotions fortes (même positives), ne veulent pas qu'on les bouscule…

Ils détestent être le point de mire, la vedette. Ceux qui les connaissent apprécient leur loyauté, leur fidélité. Mais au premier contact, ils mettent mal à l'aise.

Surtout les affectifs qui n'obtiendront ni confidences, ni compliments. Si je parle des caractères réservés, c'est qu'ils fonctionnent à l'envers. Contrairement à la majorité de nos interlocuteurs, ils n'aiment pas qu'on leur demande de prendre position. Encore moins de se dévoiler. Ils préfèrent écouter, se taire, réfléchir. Ils détestent être mis sur la sellette et avoir à répondre à des questions ouvertes : elles les obligeraient à se prononcer.

→ **Montrons-nous gentils, agréables, disponibles mais sans les envahir.** On peut leur dire bonjour, se mettre à côté d'eux amicalement et regarder dans la même direction. Puis lancer une ou deux phrases pour constater qu'il fait beau ou que la mer est calme… sans en dire tellement plus. Le laconisme ne les dérange pas. L'idéal pour communiquer serait d'aller faire une balade en forêt ou sur la plage, en silence (c'est à savoir pour les amoureux).

→ **Il vaut mieux les aborder pour une raison particulière et clairement exprimée :** « *Nous sommes là tous les deux pour…* » Rappelons nos objectifs pour qu'ils se sentent sécurisés, car les rencontres imprévues ne sont pas leur tasse de thé. Le coup de foudre ? Sûrement pas ! Tout est mûrement réfléchi. Ils absorbent d'abord, ils digèrent ensuite. Dans la conversation, il faut les orienter avec clarté et bienveillance puis leur laisser le temps de la réflexion.

→ **Les questions trop précises, les invitations trop pressantes, les déroutent, les menacent.** Ils ne sont pas rapides, pas joueurs, ils ont du mal à se décider. Soyons précis mais sans paraître ni intrusifs, ni agressifs ce qui entraînerait un repli immédiat dans leur habituel mutisme.

COMMENT LEUR PLAIRE

Parlez comme eux, lentement. Ne criez pas, n'en faites pas trop, soyez assez bavard mais en ménageant des silences et sans les submerger. Ne vous formalisez pas s'ils ne répondent pas immédiatement, ne recherchez pas d'intimité (vous seriez déçus, ils n'ont pas grand-chose à dire d'eux-mêmes). Et ne les prenez pas dans vos bras au premier contact : ils sont farouches.

À chacun sa place

Comment notre interlocuteur se positionne-t-il par rapport à nous ? On y pense peu. C'est pourtant essentiel pour lui plaire. En principe, nous avons intérêt à nous présenter d'égal à égal, y compris lors d'un entretien d'embauche. Souvent, les candidats arrivent, soit en prétendant tout savoir (ils en font trop), soit en prenant l'air suppliant de ceux qui veulent absolument ce poste.

Le bon positionnement est celui d'un professionnel cherchant à savoir si l'entreprise lui convient et si ses compétences peuvent servir.

De même dans les relations amoureuses, pas d'échange, de partage possible si l'un se sent supérieur ou inférieur à l'autre. Les hommes ou les femmes qui jouent les victimes, supplient, s'agrippent… font fuir. Pour mieux plaire, certaines personnes ont tendance à se dévaloriser. Mauvaise tactique ! C'est notre valeur qui nous met en valeur.

Maître ou élève ?

Se situer d'égal à égal donc, mais en repérant comment l'autre se positionne et en en tenant compte pour réagir. Un supérieur hiérarchique se prend en général pour un supérieur tout court. N'ayons pas l'air de vouloir lui apprendre à vivre ou à travailler.

Cette idée me rappelle un apprenti comédien passant une audition pour un concours de théâtre prestigieux. Il présente un passage du Misanthrope de Molière. Le metteur en scène – membre du jury – lui demande s'il a vu sa propre mise en scène. Oui, il l'a vue. Et alors, qu'en a-t-il pensé ? Et le candidat d'expliquer qu'il l'a trouvée « assez originale mais qu'Alceste comment dire ? manquait de… de pep's ». Est-il nécessaire de préciser qu'il a été recalé ?

Avoir un avis personnel, c'est parfait à condition de rester à sa place – en l'occurrence celle d'un élève s'adressant à un maître. Tenons compte des hiérarchies de savoir, c'est essentiel pour faire bonne impression et sachons écouter modestement quand il le faut.

Certes, les patrons s'habillent comme leurs employés, les professeurs ressemblent à leurs élèves et tout ce monde se tutoie, mais la hiérarchie demeure. Une hiérarchie de compétences ou une hiérarchie psychologique (demandeur-demandé). À ne pas en tenir compte, on court un risque relationnel voire professionnel. De trop nombreux stagiaires arrivent dans les entreprises en terrain conquis, comme s'ils savaient tout sur tout. Est-il besoin d'en dire plus : s'il fallait mettre une note à leur sens du contact, ce serait un zéro pointé !

7

Gérer les situations difficiles

Vous possédez maintenant toutes les clefs d'un bon premier contact. Vous savez dépasser vos réticences et vos préjugés. Vous avez le courage de prendre les devants et de vous présenter en premier. Bien relaxé, vous pouvez prendre conscience de vos impressions et cerner avec sang-froid la personnalité de celui qui vous parle.

Vous avez appris également à adopter une attitude physique ouverte et cohérente. Vous avez compris qu'on ne vous demande pas l'impossible et que la subjectivité est la clef d'une relation originale et frappante. Vous savez sourire bien sûr et vous affirmer… tranquillement.

Reste à gérer les situations délicates. Pas facile de calmer un interlocuteur en colère, de faire parler un silencieux, d'interrompre un bavard (pour exister aussi) ou encore d'apaiser un émotif qui transpire, rougit et perd tous ses moyens. Pas facile, mais possible avec un peu de cœur et de technique.

Calmer une grosse colère…

Certains premiers contacts commencent comme des cataclysmes. C'est un homme furieux ou une femme hystérique qui se hérisse devant vous. Deux possibilités : se laisser gagner par une agressivité contagieuse ou calmer le jeu. La solution ? Calmer le jeu bien sûr en commençant par se demander ce qui a pu le mettre dans un état pareil. En effet, quelqu'un d'autre dans la même situation – accrochage entre deux voitures par exemple – aurait pris la chose avec un plus grand calme. Dans la colère, il y a la situation objective (pas très agréable peut-être mais supportable) et la façon subjective dont elle est reçue. La disproportion entre les faits et la réaction extrême vient de ce que la sensibilité de notre colérique a été poignardée.

Oui, on l'a blessé. Il a été lésé. Il se sent victime d'un manquement grave porté à ses droits, à sa dignité, à son intégrité.

Cet homme furieux, cette femme hors d'elle s'est senti(e) rabaissé(e), négligé(e), non reconnu(e). Ce n'est pas l'effet –les cris et leurs prétextes – qu'il faut soigner mais la cause, c'est-à-dire le sentiment d'avoir été injustement et mal traité.

→ **Reconnaissez vos torts…** Oui, vous n'aviez pas à vous garer sur cette aire de stationnement. D'accord, cette poubelle est trop pleine et votre haie empiète largement sur le grillage mais…

→ **Puis expliquez-vous (sans vous minimiser).** Vos torts ont leurs raisons, des raisons que leur intelligence apaisée peut très bien comprendre. La scène n'a duré que quelques minutes, mais votre interlocuteur n'a pas besoin d'en savoir plus. Pas la peine d'aller au bout de votre explication objective.

Réparation est faite puisque vous avez respecté et renseigné celui qui se sentait rabaissé et négligé. Voilà comment un premier contact calamiteux peut tourner à votre avantage. Sachant en quelle estime vous le tenez, l'homme ou la femme en colère aura désormais confiance en vous.

Technique d'apaisement

Pour les calmer, il suffit de leur rendre leur dignité : ayons pour eux des égards. Faisons-les entrer dans le bureau, au salon. Offrons-leur un café pour « en » discuter. Distinguons-les, écoutons-les, prenons-les en considération. Donnons-leur du « vous », du « Monsieur », du « Madame ». Et nous verrons qu'à chaque nouvel égard, leur fureur baisse d'un cran.

Désarmer les râleurs

On les reconnaît à leur mine renfrognée et sérieuse. Comme les personnages de Jean-Pierre Bacri déjà cités, ils portent sur leur visage tout le mécontentement du monde. Le meilleur conseil à donner est de les éviter, mais il arrive que nous soyons coincés à côté d'eux, dans un dîner par exemple. Impossible de les ignorer pendant l'heure et demie qu'il va durer. Comment faire pour désamorcer leur mauvaise humeur et passer malgré tout une bonne soirée, en si épineuse compagnie ?

→ **Avez-vous remarqué que ces bougonnements ne s'adressent à personne ?** Ils sont lancés à la cantonade. Il s'agit d'une pose, d'un masque, presque d'un principe. Question de caractère, ces gens paraissent râleurs comme d'autres sont gais ou hyperactifs. Les grincheux sont mécontents des autres parce qu'ils sont mécontents d'eux-mêmes. Sachant cela, essayons de faire qu'ils s'aiment un peu mieux.

Écoutons leurs plaintes avec une grande attention, en pensant qu'ils ont peut-être raison et quelque chose à nous apprendre.

Et souvenons-nous qu'en général, ils font fuir. D'habitude, on leur renvoie dans les dents leur mauvaise humeur. Avec nous, c'est le contraire. Et ils sont tout surpris de trouver (enfin !) quelqu'un qui les écoute, les comprend et qui même les approuve. Nous montrer dans de bonnes dispositions désarme les plus insatisfaits. Sachons ainsi braver les personnalités les plus rébarbatives.

→ **Abordons-les avec le sourire et une grande patience.** Non seulement ils pourront fondre de reconnaissance, mais se révéler passionnants.

Rassurer un timide

On a vu à quel point les attitudes, les postures sont contagieuses. Le problème du timide est qu'il nous intimide aussi. Son envie manifeste de prendre ses jambes à son cou et de retourner dans sa coquille nous donne envie de fuir à notre tour. Il faut commencer par dépasser l'antipathie que cela nous inspire. Et ensuite, comment dissiper ce malaise ? Comment le rassurer et le faire parler ?

→ **En l'apprivoisant.** Quand un homme, une femme paraît tendu. Quand il ou elle semble vouloir échapper à la rencontre, en adoptant toutes ces postures de refus énumérées plus haut, ne l'interprétons pas comme du rejet. La peur – de l'autre, de son jugement, de son non-amour – est beaucoup plus fréquente que l'hostilité.

Plus encore que les autres,
il a besoin d'être réconforté.

Ensuite, pour dégeler les timides, souvenons-nous de deux choses. La première est que, ne nous connaissant pas, ils nous croient hostiles. Les timides s'imaginent que les étrangers vont penser du mal, qu'ils vont être évalués, jugés et jaugés. Ou encore qu'ils ne vont pas être à la hauteur de l'assistance et de la situation. Plus encore que les autres, ils ont besoin d'être réconfortés. Mais comment faire ? Impossible de les valoriser, de les mettre sur la sellette. En tout cas, pas tout de suite.

La stratégie du dégel

Devenons transparents (et bavards), le temps de les mettre en confiance, de bien leur faire comprendre que nous les abordons sans aucune intention agressive ou hostile. Pour cela, le seul moyen est de se dévoiler, de se jeter à l'eau afin de passer du statut d'inconnu (un peu terrifiant) à celui de personne familière, dont on sait ce qu'elle pense et ressent. En parlant de soi (pas trop longtemps), on rassure, on détend.

Maintenant que nous nous sommes faits connaître, rappelons-nous la deuxième raison de la peur : un sentiment d'infériorité poussant à croire que l'autre est mieux que soi. Aussi faut-il lui permettre de se mettre en valeur.

→ **En le rendant brillant.** Évidemment, on peut faire des compliments mais le mieux est de trouver un sujet de conversation dans lequel il va pouvoir briller. En s'étant renseigné au préalable auprès de la personne qui nous a mis en contact, grâce aux échanges qui ont précédé la rencontre, en s'appuyant sur son métier, son hobby… on saura quelles sont ses passions : est-ce le sport, l'automobile, la mode, le cinéma ? Sur ce sujet concret, facile, qu'il possède bien, même notre timide devrait avoir un peu de verve.

Hélas, il faut aller plus loin puisqu'un bon contact n'est pas un monologue mais un échange. Un échange au cours duquel notre timide, malgré notre intervention, doit pouvoir continuer de briller. Deux trucs : le premier, l'appeler à l'aide. Oui, là vraiment, on a besoin de lui pour résoudre ce problème informatique, technique ou pour combler notre incompétence, notre ignorance. On peut même –pour séduire un homme timide– s'en référer aux clichés légendaires sur l'incapacité notable de la gent féminine à lire une carte routière, à avoir l'esprit pratique, à comprendre un raisonnement mathématique et j'en passe…

Avec une femme timide, le principe est exactement le même. La lancer sur le terrain qu'elle semble connaître, pour de vrai ou pour de faux, avouer son ignorance et demander à notre chère lumière, ici présente, des éclaircissements.

Oui, demander conseil, voilà ce qu'il faut faire.

Dans ce domaine, le champ est infini (et infiniment intéressant). Grâce à cette technique, les timides pourront se détendre et briller de tous leurs feux habituellement éteints. Il se peut même qu'ils deviennent intarissables et qu'ils nous apprennent beaucoup.

Les hésitants, les émotifs…

Parfois, nos interlocuteurs perdent le fil de leurs pensées. Ils sont distraits par une idée, interrompus par un événement. La délicatesse consiste à ne pas avoir l'air de le remarquer, à laisser passer quelques secondes en attendant qu'ils reprennent la conversation, là où ils l'ont laissée. Si les idées ne repartent pas, l'attente polie n'est plus suffisante. Il convient d'apporter une aide mais comment ?

→ **Les remettre en selle.** Pour cela, il suffit de leur rappeler tranquillement ce qu'ils étaient en train de dire (d'où l'importance d'une écoute attentive) : *« Vous disiez que… »* Néanmoins, il est encore plus astucieux de suggérer : *« Nous en étions à la position de l'attaquant dans la surface de réparation… »* Ce « nous » plein d'indulgence et de délicatesse signifie que « nous » avons partagé ce petit passage à vide, ainsi ramené à un accident sans importance de la conversation.
→ **Et si l'émotif, c'est vous ?** Plus la rencontre est importante, plus le trac menace. Si l'émotion vous serre la gorge, si elle rend votre voix chevrotante, arrêtez de parler et… souriez ! Calmement ! Puis bougez, respirez comme si vous cherchiez à rassembler vos idées. Éventuellement, dites d'une manière détendue : *« Où en étais-je ? »*, ou une autre formule du même genre. Ne craignez pas ces interruptions car elles mettent du naturel dans le discours.

Ce sont les silences, les cassures dans la monotonie qui donnent du rythme, de la vie, du piment. Elles relancent l'attention.

Les yeux se braquent à nouveau sur vous. Pas de panique ! En tout cas, sont à éviter en cas de trac la précipitation et les phrases trop longues, au sein desquelles perce plus facilement l'émotion. Quant au trou noir, il vient d'une surimpression. On parle d'une chose en pensant à une autre. Ainsi lors d'un entretien d'embauche, on commente son CV tout en se disant que le recruteur va *« sûrement remarquer la tache de sauce au-dessus du bouton du haut. Évidemment, il fallait que ça arrive aujourd'hui.* » Face au trou noir, la technique reste la même : un sourire et tranquillement : « *Pardon où en étais-je ?* » Soit votre interlocuteur vous aidera (et vous rassurera), soit vous serez tous les deux dans le même bateau : celui de l'oubli car lui aussi aura perdu le fil de la discussion.

→ **Repartez alors du point dont vous vous souvenez.** En justifiant la redite : « *Je me permets d'insister sur ce point-clef.* » Ou : « *Je me permets de le redire parce que c'est très important pour moi.* » Par le jeu des associations d'idées, le fil de la pensée reviendra. De même pour la suite de votre exposé, de votre histoire dont finalement – grâce au sourire et à l'aisance du « où en étais-je ? » – personne n'aura remarqué les errances.

Gare aux gaffes !

La situation est plus embarrassante quand une émotion violente leur fait perdre leurs moyens. Que se passe-t-il ? On se met dans cet état quand on s'enferre dans un mensonge, quand on est lancé dans une blague, une histoire, une démonstration qui ne tient pas la route. Le cœur se met à battre, les joues s'enflamment, on rêve de disparaître. Le mieux est de s'arrêter au plus tôt et d'avouer que non, c'est une mauvaise piste. Et en face ? Soyons charitables !

➔ **Il faut vite changer de sujet pour leur sauver la mise.** Ou bien saisir la mauvaise balle au bond pour clarifier le raisonnement, l'histoire, sans insister sur ce qui vient d'être dit, en ajoutant plutôt un détail, une précision.

Méfions-nous des émotions,
elles cachent quelque chose.

Le passage à vide peut aussi être provoqué par une émotion forte, très risquée à creuser. C'est le cas lors d'un premier rendez-vous, quand les futurs amis, amoureux racontent les événements marquants de leur vie, pour se situer l'un l'autre. Il ou elle est train de parler et soudain, un blanc. Agathe raconte par exemple qu'elle a passé toute son enfance à Nancy. À 16 ans, elle est venue à Paris… et là, silence. Quelqu'un d'un peu distrait –croyant montrer son intérêt– sera tenté de demander la raison de ce déménagement ou bien fera un commentaire du genre : *« Ça a dû te changer. Tu devais être contente. »* Mais alors vous risquez d'entendre : *« Ma mère venait de mourir. »* Méfions-nous des émotions. Elles cachent quelque chose.

→ **Le mieux pour éviter le malaise est d'attendre un peu (un blanc vaut mieux qu'une gaffe).** Et de reprendre les mots qui ont été employés : *« Oui, tu es venue à Paris… »*, sur un ton assez neutre, sans paraître chercher une explication. Les psys usent volontiers de ce genre de « relance ouverte » installant des points de suspension à la fin d'une phrase, que son auteur gêné peut laisser mourir ou relever à sa guise.

Si la phrase s'éteint, c'est que l'émotion demeure et qu'elle n'a aucune envie d'être développée. Changeons de sujet ! Embrayons par exemple sur le dépaysement provoqué par une ville comme Paris : *« Ah ! ce rythme, ces embouteillages et l'humeur terriblement mauvaise des Parisiens. »*

Faire machine arrière

Un retour aux clichés, aux banalités est un bon moyen de faire redescendre la tension. Tout cela pour dire que la qualité du contact est souvent proportionnelle à notre tact. À trop jouer la rapidité, la spontanéité, on risque de mettre les pieds dans le plat.

Interrompre un bavard

Il est des circonstances où l'un parle plus que l'autre. Il explique, il informe, il enseigne… Pourtant, quand le contact est réussi, on sent que parler n'empêche pas l'ouverture à ce que nous pourrions dire et penser. Quoique prolixe, notre interlocuteur ne débite pas des phrases comme d'autres enfilent des perles, non, il nous parle à nous. Et on le sent. Même si nous ne disons pas un mot, nous nous sentons exister et pris en considération. D'ailleurs, un haussement de sourcil, un mouvement de main et il se soucie de savoir ce que nous en pensons…

Le problème avec le bavard est qu'il poursuit son idée en ne nous prêtant aucune attention. Il parle, il parle… et pourrait tout aussi bien être tout seul.

Je connais une jeune femme qui est capable de monopoliser la parole toute une soirée. Elle fait les questions, les réponses et les digressions sans se soucier une demi-seconde d'intéresser. Et puis soudain, elle s'arrête.

Plus un mot. Se dit-elle qu'elle a exagéré ? Toujours est-il que ce soudain silence nous laisse désemparés. Un ange passe. On ne sait plus quoi dire…

Heureux de monologuer ?

Oui, les bavards sont heureux de monologuer pendant qu'ils déversent leur logorrhée. Ils ne le sont plus dès qu'ils ont fini. Ils se rendent bien compte qu'ils ont abusé. Certains peuvent se sentir coupables, en constatant que personne d'autre n'a ouvert la bouche. Quant à nous, eh bien, nous sommes frustrés d'échange, de reconnaissance : aucun espace pour exister, nous faire valoir. Les interrompre peut leur rendre service et favoriser la relation.

Mais comment faire ? Le bavard a du souffle mais il faut bien qu'il respire. Alors, c'est le moment de glisser la phrase clef : *« Je suis tout à fait d'accord avec toi… »* et d'embrayer progressivement sur ses propres idées – qui n'ont peut-être rien à voir –, mais qui vont enfin pouvoir s'exprimer.

→ **Une astuce consiste à reprendre, mot pour mot, la phrase qui vient d'être dite.** Car un bavard ne saurait se couper la parole : *« Tu viens de dire qu'il fait chaud en été. »* Et nous d'embrayer sur la froidure des monts d'Auvergne au mois d'août… Ce stratagème devrait satisfaire tout le monde et surtout le bavard, qui se sentira reconnu, apprécié, mais sans éprouver la culpabilité du « monologueur » solitaire.

Faire réagir un silencieux

On vous convoque. On vous reçoit. D'un signe, on vous fait asseoir. Suit un glacial *« Je vous écoute »*. Le silence est une astuce vieille comme le monde pour vous désarçonner, pendant un face-à-face. Bravement, devant l'employeur, le directeur, le médecin, la DRH, le psy muet, on commence son exposé. Votre regard s'évade (et pour cause, quel malaise !) et revient sur le masque sévère ou indifférent de votre interlocuteur qui ne tient pas ses promesses (locuteur vient du latin *loqui* signifiant parler).

Vous espérez un soutien, un encouragement, mais rien ne vient !

Alors, vous repartez à l'assaut d'un discours de moins en moins assuré. Vos arguments tombent à plat. Votre éloquence s'essouffle. Imperturbable, le silencieux vous « laisse venir ». Parfois, il sourit, sans les sourcils…

Les « clients » face à des commerciaux sont des spécialistes de la manœuvre. Pour eux, un homme se conquiert et une « mécanique » se… démonte. En réponse, deux tactiques possibles. En plein envol ou en plein discours :

→ **Arrêtez-vous net !** Fixez votre interlocuteur droit dans les yeux (en étant confiant et tout sourires), comme si une réaction allait forcément venir. Si vous êtes fermement décidés à ne pas reprendre la parole avant qu'il ait dit un mot, il y a de grandes chances pour que le silencieux craque le premier. Mais il faut avoir des nerfs solides. Or les vôtres ont été mis à rude épreuve par le froid examinateur qui vous fait face.

→ **Posez-lui des questions qui l'impliquent :**

– *Me suis-je bien fait comprendre ?*

– *Pardonnez-moi mais est-ce que vous me suivez ?*

Impossible de ne pas répondre à cette sollicitation, à moins d'être d'une grossièreté délibérée. Mais le risque est qu'il réponde très brièvement. Pour forcer davantage sa participation, on lui posera des questions encore plus précises :

– *Puis-je me permettre de vous demander ce que vous en pensez ?*

→ **À ce stade, vous pouvez devenir absolument muet** (et toujours souriant) comme si vous attendiez avec confiance sa réponse argumentée. On peut ajouter encore une petite louche d'incitation :

– *Oui, arrivé à ce stade de « notre » discussion, j'aimerais avoir votre sentiment sur la question.*

→ **Et tenter une vraie (ou une fausse) sortie.** En effet, après tous ces efforts, si rien ne vient, sachez conclure gentiment, poliment car parfois, c'est une question de survie ! Quant aux fausses sorties, elles peuvent agir comme un électrochoc prouvant à nos interlocuteurs qu'ils ont abusé de notre patience et qu'il est temps pour eux de participer.

Conclusion

Pour bien terminer

SACHONS METTRE FIN aux mauvais premiers contacts. Il faut être deux personnes de bonne volonté pour qu'une rencontre ait lieu. Il arrive que nous soyons dans de très bonnes dispositions… tout seuls. Nos sourires, nos questions, nos propositions de connivence font des flops.

Il serait masochiste d'insister.

Savoir s'en aller à temps

Dites au revoir poliment en souhaitant une bonne journée, un bon voyage, de bonnes vacances, un bon film. Et sans rancœur à l'égard de ce mal luné qui a sans doute d'autres soucis en tête : oublions-le, tout simplement.

Savoir s'en aller à temps, c'est essentiel. À poursuivre ces relations calamiteuses, on risque de perdre confiance en soi. Les blancs, les silences, les mauvais regards laissent une empreinte. Ils pourront même servir de prétextes au repli sur soi des timides. Ne vous enferrez pas, n'insistez pas !

Partout on rencontre des rabat-joie, des mauvais coucheurs. Écourtez et passez aussitôt à une autre rencontre.

C'est vrai dans les dîners, dans les fêtes. Rien n'empêche de dire gentiment : *« Je vous laisse, il faut que j'aille dire un mot à … »* et de ne plus revenir. De même, on peut se tourner vers son autre voisin de table, quitte à glisser rapidement au premier, de temps en temps : *« Tout va bien ? »*

On a toujours le choix de ses affinités.

Il se peut aussi que nos objectifs ne soient pas atteints dans le délai que nous nous sommes fixé. Nous n'obtiendrons pas aujourd'hui le renseignement, le service, l'écoute que nous sommes venus chercher. Poursuivre et tourner en rond encore un moment, risque de créer un malaise des deux côtés et d'entraîner une insatisfaction grandissante.

Le lieu, le moment sont mal choisis. Reportez ce contact mal parti. Dites que vous ne pouvez pas rester mais que vous rappellerez pour… et repréciser l'objectif, afin qu'il soit bien établi pour la prochaine fois. Mieux encore, demandez à quel moment vous pourrez revenir sans déranger. On vous sera reconnaissant de comprendre que pour l'heure, vous gênez. Et c'est avec plaisir qu'on vous recevra à une occasion plus propice.

Cette relation ne décolle pas des banalités. On ne vous suit pas pour parler d'autre chose, et vous n'allez pas tarder à vous ennuyer. Vous sentez que la conversation retombe, que vous avez du mal à trouver des sujets de discussion, que vous devez ramer beaucoup pour obtenir… pas grand-chose. Là encore, prenez congé sans attendre que trop d'anges passent et que la gêne s'installe. Cette personne n'a guère envie d'aller plus loin. Peut-être s'agit-il d'un kinesthésique qui ne veut pas se dévoiler. La prochaine fois, vous connaissant mieux, il sera plus ouvert et une autre étape pourra être franchie. Restons-en là pour aujourd'hui.

Remerciez pour ce bon moment

En prenant l'initiative de la phrase de fin, on donne sa couleur à la rencontre et on prépare le terrain pour la suite. Sourire, regarder dans les yeux, faire face, avoir une gestuelle ouverte : tout ce qui concernait les premières secondes reste valable au moment de se quitter. Montrez que vous êtes content du moment passé ensemble. Comme pour les compliments, vous serez d'autant plus crédible que vous personnaliserez votre commentaire. Dites pourquoi vous êtes très heureux d'avoir passé ce moment avec cette personne :

– Je suis ravie d'avoir enfin compris les règles du penalty.

Dites ce que cette rencontre vous a apporté. Dites en quoi elle vous a changé. Souvenez-vous qu'il est important de se laisser influencer).

– Avant de vous rencontrer, je ne m'imaginais pas pouvoir m'intéresser au foot ! Mais votre passion est contagieuse.

Soyez subjectif, impliqué :

– *Il y avait longtemps que je n'avais pas ri comme ça !*

Mettez en valeur la rencontre et la personne. Insistez sur le fait que ce moment a été unique et que vous ne l'oublierez pas :

– *Désormais, je ne pourrai plus lire une carte routière sans penser à vous.*

Si vous manquez d'inspiration, sachez remercier simplement :

– *Merci de m'avoir accordé cet entretien. Merci de m'avoir fait passer un si bon moment. Merci pour ce délicieux café.*

Ouvrez sur la prochaine rencontre mais sans faire trop de promesses. Non tenues, elles annuleraient le bénéfice de ce premier contact prometteur. Si vous annoncez : *« Je te rappellerai samedi »,* faites-le ! Il est souvent préférable d'être positif (toujours) mais flou, si nous ne sommes pas certains de pouvoir tenir nos engagements.

Faute d'engagement ferme, exprimez plutôt un désir :

– *J'espère que nous aurons l'occasion de poursuivre cette discussion.*

– *La prochaine fois, j'aimerais que vous me racontiez comment s'est terminée l'histoire du camping…*

– *Quand nous nous reverrons, grâce à vous, j'aurai mangé au moins deux tartes Tatin, mais je suis sûre qu'aucune ne sera aussi fine que la vôtre.*

Un sourire, une bise, une dernière poignée de main et c'est fini pour la rencontre. Le débriefing commence…

Faites le bilan

Faites le point sur ce premier contact en commençant par vous féliciter car vous avez tremblé, mais vous avez osé : entrer dans cette boutique en disant bonjour bien fort, regarder la vendeuse droit dans les yeux, exprimer clairement votre désir d'acheter une robe à petit prix, prendre l'initiative du salut, dire ce que vous ressentiez pour faire avancer le dialogue. Vous avez su écouter aussi, reporter votre envie d'annoncer brutalement vos intentions, rester courtois et calme face à ce type très agressif ou dégeler un timide qui fixait le bout de ses chaussures, etc.

VERS DE NOUVEAUX OBJECTIFS…

Ce débriefing positif effectué, fixez-vous de nouveaux objectifs. Oui, vous pouvez franchir un pas de plus en décidant lundi, d'appeler Julie par exemple. Quels sont vos nouveaux défis relationnels ? Là encore, peu importe leur modestie. Ce qui compte c'est l'envie de vous entraîner, de vous dépasser. Certains font de tout petits pas, d'autres avancent à pas de géant. Et alors ? Lièvre ou tortue, le plaisir est de se sentir progresser sur le chemin d'une communication de plus en plus aisée. Soyez patient avec vous-même. Relisez ce livre de temps en temps. Faites le point régulièrement. Et surtout, soyez sûr – mais vraiment sûr – que vous y arriverez. Car c'est vrai !

Oui, vous avez aujourd'hui toutes les raisons de vous féliciter. Ne vous en privez surtout pas ! **Pensez aux progrès accomplis aussi minimes soient-ils,** au courage qu'il vous a fallu, aux techniques que vous avez su appliquer, car le bilan de ces efforts vitamine l'estime de soi.

Table des matières

Sommaire 5

Introduction 7
On ne vous demande pas l'impossible ! 8

Chapitre 1 À savoir avant de commencer 11
La clef : le goût des autres 13
Le bon état d'esprit 13
La communication est adaptation 14
S'adapter à qui ? à quoi ? 15
Le corps compte plus que les mots 16
Qui se ressemble s'assemble 18
Imitons-nous les uns les autres 18
Une relation… à deux 20
Les contre-performances 20
Tout le monde a peur 23
Le pire, ce serait quoi ? 23
Ces inquiétantes premières fois 24

Chapitre 2 Préparer la rencontre 29
Précisez bien l'objectif ! 30
Un bon contact est efficace 31
Une stratégie sur mesure 32
Mauvaise formulation 33
Bonne formulation 34
Prendre un maximum de renseignements 36
La tenue exigée 37
Découvrez votre profil relationnel 39
Vous êtes plutôt en retrait 39
Vous êtes plutôt « questionneur » 41
Vous êtes plutôt agressif 42
Vous êtes tellement « charmeur » 44
Des trucs pour se détendre 45
Trois exercices de relaxation 46

Prenez conscience de vos besoins 47
Prenez conscience de votre corps 49
Les trucs anti-trac 50
L'aisance, ça se travaille ! 51

Chapitre 3 Les premières secondes 57
Réussir son entrée 58
Une indispensable bonne humeur ! 59
L'attitude est contagieuse 60
Les yeux dans les yeux 61
Un regard fuyant 62
Souriez avec… les sourcils 63
Autour du monde 64
Une gestuelle ouverte 65
Un langage corporel fermé 65
Un langage corporel ouvert 66
Les pieds ne mentent pas 71
Observez vos parents ! 72
La règle des trois V 73
Travailler sa voix 74
Trouver la bonne distance 77
Trop envahissante… 77
Dans quelle zone se situer ? 79
Salut et poignée de mains 81
Quel souvenir ! 82

Chapitre 4 Engager la conversation 85
L'ouverture, un état d'esprit 86
Nous avons tous des préjugés 86
Prenez les devants ! 90
Les vertus du merci 93
La politesse des premières minutes 94
Montrez que vous êtes content 96
Le test du taxi 98
Et après avoir dit bonjour ? 101
Les questions fermées 103
Les questions ouvertes 104

L'habileté des banalités 106
Les 3 niveaux de dialogue 106
Parlez-moi… de moi 110
« Les gens sont dans leurs trucs » 110
N'en faites pas trop ! 111
Qu'est-ce qu'il me veut ? 112
La règle du donnant-donnant 113
Merci… de rien 114
Ne rien prendre sans donner 115

Chapitre 5 Réguler l'échange 117
Avoir raison et être aimé 118
Tactiques pour avoir raison 118
Tactiques pour être aimé 120
Savoir écouter…vraiment 122
Et jusqu'au bout… 123
Les vertus de l'empathie 124
Bravo à Tom Cruise 126
Une écoute active et expressive 127
Exemple à suivre 127
Qu'est-ce que ça te fait ? 130
Oser dire son sentiment 130
Rassurer c'est expliquer 132
Variez les effets ! 133
Reçu 5 sur 5 133
Restons modestes… 134
Relancer l'attention 135
Des tournures de phrases positives 136
Une question de forme 136
Évitez de dire non 137
Personnalisez vos compliments 138
Tu es… parfaite ! 139

Chapitre 6 Mieux cerner son interlocuteur 143
Le look attire l'attention sur… 144
Une personnalité entre parenthèses 144
Une personnalité excessive 146

La voix dit le degré d'implication 148
Attentif ou pas encore… 149
Le volume adapté ou pas 150
Voix chaude ou glaciale ? 150
Visuel, auditif ou kinesthésique ? 151
Les trois approches sensorielles 151
Les caractéristiques des « visuels » 153
Les caractéristiques des « auditifs » 154
Les caractéristiques des « kinesthésiques » 155
Les apports de l'Analyse Transactionnelle 156
Le Moi Enfant : égocentrique et « vivant » 156
Le Moi Parent : responsable et organisé 158
Le Moi Adulte : objectif et rationnel 159
Mettre en phase nos « transactions » 160
Exemples de transactions réussies 161
Repérer les affectifs 161
J'aime qu'on m'aime… 162
Les « muets » : à ne pas brusquer ! 164
Tout le contraire des autres 164
À chacun sa place 166
Maître ou élève ? 167

Chapitre 7 Gérer les situations difficiles 169
Calmer une grosse colère… 170
Désarmer les râleurs 171
Rassurer un timide 173
Les hésitants, les émotifs… 175
Gare aux gaffes ! 177
Interrompre un bavard 179
Faire réagir un silencieux 181

Conclusion Pour bien terminer 183

Achevé d'imprimer en Espagne par
Litografia ROSÈS
Gavà (08850)
Dépôt légal : novembre 2010